CARNAVALES DE SANTIAGO DE CUBA (1948-1956)

LA GRAN SEMANA SANTIAGUERA

CARNAVALES DE SANTIAGO DE CUBA (1948-1956)

LA GRAN SEMANA SANTIAGUERA

Lic. Alejandro Pichel
Lic. Olga García

Para realizar pedidos de este libro, contacte con:
Palibrio
1663 Liberty Drive
Suite 200
Bloomington, IN 47403
Gratis desde EE. UU. al 877.407.5847
Gratis desde México al 01.800.288.2243
Gratis desde España al 900.866.949
Desde otro país al +1.812.671.9757
Fax: 01.812.355.1576
ventas@palibrio.com
719974

ÍNDICE

"A LA MEMORIA DEL
SR. ALBERTO GARCÍA TORRES,
CREADOR DE REALIDADES A
PARTIR DE FANTASÍAS".

INTRODUCCIÓN

El conocimiento de nuestras tradiciones constituye una parte fundamental del trabajo histórico como forma de coadyuvar a su conservación. En tanto el carnaval de Santiago de Cuba es una de sus más largas y firmes tradiciones y en tanto que se carece de una historia elaborada del mismo, con la rigurosidad necesaria, cualquier esfuerzo en ese sentido significa un aporte, aunque modesto, a la historia de nuestra ciudad.

Desentrañar los mecanismos económicos que funcionan detrás de los festejos carnavalescos constituye una contribución a nuestros estudios etnográficos, dado que los fenómenos de carácter folklórico también pueden ser modificados con la introducción de otros intereses. Los efectos de este condicionamiento generalmente no saltan a la vista ni son el producto de una relación simple, por lo que no es fácil sacar conclusiones apriorísticas, ni dar por sentado un fenómeno de este tipo, sin una investigación seria y una verificación lo más exhaustiva posible del hecho. Por este motivo, cada una de nuestras conclusiones, hemos tratado de apoyarla en un aparato documental y no sólo en las vivencias que puedan recogerse a través de entrevistas que es lo más común del trabajo etnográfico.

Hemos confrontado como dificultad para el desarrollo de nuestro estudio, la desorganización, por un lado, de una serie de archivos en que debíamos apoyarnos, y por otro la criminal entrega de parte de los archivos del Ayuntamiento de la ciudad para ser convertidos en pulpa de papel, al tiempo que intereses egoístas hicieron desaparecer los documentos que sobre el tema debían conservarse en dicha institución.

En el mismo sentido, ha incidido la carencia de material bibliográfico de contenido similar al de nuestra investigación, ya que, los trabajos escritos sobre el carnaval de Santiago de Cuba son en extremo escasos, y además, en ocasiones, carentes del rigor histórico necesario como para servirnos de apoyatura teórica de nuestras conclusiones. De hecho hemos debido trabajar en un terreno, en lo fundamental, no explorado hasta sus últimas consecuencias, sin que pretendamos por demás haberlo agotado exhaustivamente sino solo reflejar nuestro punto de partida para futuras investigaciones.

La línea fundamental de nuestra investigación va dirigida al estudio de los mecanismos que rigen el funcionamiento del "Comité de la Gran Semana Santiaguera" que desarrolló sus actividades entre los años 1948 y 1956, ambos inclusive, por ser aquí donde se concentraban los grandes intereses económicos que se mueven en el marco del carnaval santiaguero y que lo transformaron. Otros aspectos como la instalación de kioscos, los adornos de calles, la aparición de las grandes, numéricamente hablando, comparsas y paseos, etc. los abordamos en tanto que son consecuencia directa de dicha transformación.

La configuración especial que adquieren los carnavales en este marco es lo que ha permitido delimitar de forma precisa nuestro objeto de estudio.

Debemos agradecer la cooperación prestada al desarrollo de nuestro trabajo a todas aquellas personas que nos han concedido entrevistas relativas al mismo, al Licenciado Orlando Silva Márquez por su ayuda, así como en forma especial al señor Alberto García Torres, periodista y Director de Festejos del Municipio desde 1936 hasta 1958 y quien guardó celosamente para la posteridad el archivo íntegro del Comité de la Gran Semana Santiaguera que puso enteramente a nuestra disposición acompañado en todo momento de su entusiasta cooperación.

CAPÍTULO I

RESEÑA HISTORICA

Aun cuando, como ya dijimos, no es nuestro propósito hacer una historia completa de la economía del carnaval santiaguero, no es posible referirse al período que nos ocupa sin antes hacer un breve recorrido por la situación del carnaval en épocas anteriores para poder resaltar plenamente las diferencias que éste tiene con la etapa estudiada.

Según exponen la mayoría de los autores, nuestros carnavales en su origen no se diferencian en gran medida de los de otros lugares de la Isla, surgen igualmente en el período colonial como celebración de las festividades religiosas católicas. Su carácter propiamente cubano lo adquiere en el proceso de sincretización que significa la incorporación del negro a los mismos con sus danzas, trajes, instrumentos musicales, creencias, etc.

El carácter mismo de estas festividades excluye la motivación económica como su rasgo más sobresaliente, ya que tiene, por el contrario, un marcado carácter popular y espontáneo sin ser una fuente de lucro para ninguna empresa o individuo en especial.

Hacia finales del siglo XIX ya han logrado alcanzar un gran colorido y en ellos existe una emulación entre los distintos grupos para obtener el mayor lucimiento, pero, al mismo tiempo, sin tener la vista fija en una retribución económica por el éxito ya que la rivalidad se establece entre los distintos cabildos y barrios en sano sentido emulativo.

Estas festividades populares juegan en el período colonial –cosa no prevista por las autoridades de la época ni por los dueños de esclavos- un papel positivo en lo que se refiere a la formación de nuestra nacionalidad, funcionando como elemento integrador de los factores constituyentes de la misma.

Así veremos que en la segunda mitad del siglo XIX, a partir del estallido de la Guerra de los Diez Años en 1868, el carnaval sirve de expresión a

3

los sentimientos revolucionarios contra la metrópolis colonial y siendo en ocasiones una vía para el desarrollo de actividades conspirativas, ya que, muchos de los dirigentes e integrantes de los cabildos y comparsas se encuentran participando abiertamente en las luchas independentistas.

Al inicio de la República, la frustración que experimentaba el pueblo no deja de expresarse en el ámbito del carnaval a través de los antiguos combatientes del Ejército Libertador.*1* Este fenómeno, unido a los prejuicios de la clase dirigente, será un factor que incida en la carencia de apoyo oficial a los carnavales de estos años, existiendo por el contrario más de un intento para restringirlos. Las empresas industriales y comerciales no han descubierto todavía al carnaval como medio de propaganda y tampoco le prestan su apoyo en magnitud considerable. Así, Emilio Bacardí, en su doble condición de Alcalde e industrial, tomará medidas tales como la supresión de las comparsas carabalí –de gran peso en ese momento-- por entender que eran un recuerdo del pasado de esclavitud. *2* El carnaval, por tanto, mantiene su carácter popular y espontáneo, al menos en las dos primeras décadas del siglo XX sin sufrir alteraciones folklóricas de importancia, aunque se acentúa la competencia entre los distintos grupos de los diferentes barrios por obtener los primeros lugares en los concursos que organiza el Municipio aunque debemos señalar que los premios ofrecidos, en lo que a monetario se refiere, no podían actuar como incentivo para estos grupos, pues eran sumamente pequeños.*3*

Lo más preciado realmente para ellos era el reconocimiento que obtenían en el sentido moral al lograr para su barrio el Diploma de Honor que se le entregaba al recibir el premio.

La recaudación de estos grupos, en estos años, no depende en lo fundamental de la industria o el comercio local, que sólo coopera con recursos limitados y sin una intención propagandística marcada. Tiene todavía un peso grande en cuanto a los medios de que puede disponer una comparsa o paseo determinado las recaudaciones en el barrio y los recursos que se puede agenciar cada comparsero individual a través de sus "padrinos" y "madrinas", costumbre esta heredada del período colonial.

El director de la comparsa dedica no sólo su tiempo y sus energías a la organización de la misma, sino inclusive sus recursos económicos personales. Cada integrante de la comparsa, sea músico o bailador, tiene el mismo desprendimiento altruista en su participación.

El carnaval no es, por tanto, un negocio sino una forma de manifestación social en la cual las clases populares se divierten sanamente subordinando la economía a la alegría.

Los instrumentos musicales, vestidos, etc., no son tampoco objeto de comercialización, produciéndose, en la generalidad de los casos, por la habilidad artesanal de los integrantes de la comparsa, sin que exista una industria de corte turístico de objetos de carnaval.

Las tradiciones, por esta razón, no están subordinadas a factores de competencia económica, transmitiéndose y desarrollándose en forma normal sin la interferencia de mecanismos distorsionadores.

Los únicos "negocios" propios del carnaval en estos años son en escala sumamente pequeña, existen pequeños puestos para el expendio de frutas, refrescos de diversos tipos, frituras y algunas comidas, que no tienen por lo demás, grandes ganancias, realizándose el consumo en ellos, por lo general sólo por las personas del vecindario. La instalación de estos puestos conocidos como toldos y mesitas, no requiere por lo demás de un capital considerable, pues se construyen en la forma más económica posible con recursos sumamente limitados.

Esta limitación en los recursos económicos con que cuenta el carnaval no le resta sin embargo nada de colorido, alegría y participación popular.

En la tercera y cuarta décadas comienzan ya a observarse algunas ligeras variaciones con relación a la economía en el carnaval, ya que, aunque esporádicamente y en forma no organizada, el comercio y la industria comienzan a aumentar su participación en los mismos con fines propagandísticos. También inciden fuertemente en este período en los carnavales las profundas conmociones políticas que experimenta el país a partir del gobierno y caída del tirano Gerardo Machado. Esto determina, entre otras cosas, que el carnaval no se celebre en algunos años y que exista una tendencia general en la pérdida de colorido y organización de los mismos. Agrava la situación la crisis económica que atraviesa el país en este período.

La única empresa que participa desde los años veinte con carácter regular, en forma creciente y en escala relativamente alta en la organización de los carnavales, es la compañía cigarrera Edén que tiene la iniciativa de utilizar los carnavales como vehículo propagandístico, subvencionando comparsas, paseos, relaciones, etc., y organizando concursos con premios ya algo más altos que los que anteriormente concedía el Municipio.

La Compañía Ron Bacardí S.A. aunque organiza algunos grupos y realiza alguna labor de propaganda, mantiene aún en estos años una participación secundaria en los carnavales. Esta situación va a mantenerse hasta el año 1948 en que se inicia La Gran Semana Santiaguera. Otras empresas y comercios mantienen una posición similar.

En los años 1937 y 1938 con el fin de tratar de mejorar el clima político, las autoridades se encargan de organizar carnavales para los que recaudan a través de toda la provincia cuantiosos recursos, los que se utilizan para revivir en estos años el carnaval santiaguero.

La motivación política del hecho puede observarse en la alocución que al respecto dirige el Gobernador de la Provincia "Al pueblo de la Provincia de Oriente" donde, entre otras cosas, se dice:

(...) queriendo las autoridades civiles y militares de la Provincia (...) que las indicadas fiestas de carnaval este año durante los días señalados, sean tan espléndidas y magníficas como en épocas pasadas lo fueron, SE INVITA POR ESTE MEDIO A TODOS LOS HABITANTES DE LA PROVINCIA Y MUY ESPECIALMENTE A LOS ALCALDES MUNICIPALES, para que cooperen al esplendor artístico de estas fiestas de Momo, -- ese Dios de la Risa, hijo del Sueño y de la Noche--, precisamente en este momento histórico de nuestra vida Nacional, en que parece que la alegría, que tan bienhechor efecto produce en la dulcificación de la existencia humana en medio de las contrariedades morales, ha huido del espíritu humanitario, festivo y placentero del cubano.4

Al efecto de las recaudaciones, se elaboraron cupones por valor de un centavo cada uno que debían servir como votos para la elección de la Emperatriz de la Belleza de la Provincia. Con este objeto se constituye en cada municipio un Comité Organizador compuesto por el Alcalde, Jefe del Puesto de la Guardia Rural, Jefe de Sanidad, Jefe de Policía, Presidentes de Sociedades, Cámara de Comercio y demás personas que se estime de arraigo en la localidad.

Cada Comité debía propiciar la constitución de Comités pro candidatas del Término Municipal, cada una de las cuales debía contar con un mínimo de cincuenta mil votos para ser electa como Reina. Se establece una serie de premios para las diversas candidatas, de los cuales, el principal, es una casa en el reparto Ciudamar en Santiago de Cuba.5

Se establece así mismo, durante estos dos años -1937 y 1938- premios elevados de hasta setecientos pesos para los primeros lugares en el concurso de comparsas y paseos respectivamente, siendo el segundo premio de trescientos pesos, el tercero de doscientos y el cuarto de cien pesos.

Este es el primer antecedente serio de una incentivación económica como base del carnaval, que no dejará de tener sus efectos en años posteriores.

En los años que corresponden al desarrollo de la Segunda Guerra Mundial (1939-1945) vuelve a observarse una tendencia de los carnavales a regresar a la situación anterior, fundamentalmente por la carencia de fondos dedicados al mismo por parte del Municipio así como la mayoría de las empresas comerciales e industriales a excepción de los cigarros Edén que siguen utilizando al carnaval como medio de propaganda.

No es raro, que en la prensa correspondiente a estos años, encontremos anuncios como el que sigue:

¡Carnavales de Oriente!

Días 24- 25- 26- 27 de julio

¡Las fiestas de tradición serán este año!

EDEN

Ha colaborado como cumple al cigarrillo que da más placer, a que todas las parrandas luzcan lindas y alegres en el desfile espléndido del día 25, que será llevado a toda la provincia por disposición sincera del invencible (...) 6

Sin embargo, es cosa poco común, que encontremos anuncios como el que a continuación citamos. Pudiéndose deber el hecho al auge artificial de los carnavales del año en cuestión:

"La Cía. De Ron Bacardí construirá la bella carroza para el desfile de la reina gracias a las gestiones realizadas por los Sres. Eduardo Abril Amores, director de Diario de Cuba y Rafael Cuza. Será esta carroza el espléndido trono de la Reina del Carnaval de Verano, en el gran certamen que se realiza por medio de Diario de Cuba y Mundial."7

Después de esto, y durante todo el período, la Bacardí retorna como la generalidad de las empresas industriales, a su habitual participación secundaria en lo que a la organización de los carnavales se refiere.

Algunos comercios comienzan a realizar para el mismo período "ventas especiales" de carnaval que realizan regularmente todos los años con el objeto de aumentar sus entradas. La propaganda a través de la prensa, con ligeras variantes, es de este tipo:

"Concurra a nuestra TRADICIONAL VENTA DE CARNAVAL. El principal objetivo de 'La Violeta' al instituir la TRADICIONAL VENTA DE CARNAVAL, en este mes de julio, todos los años, ha sido el brindar a sus numerosos clientes y amigos la mayor parte de sus utilidades.

La Violeta" 8

Las empresas de bebidas tales como la Compañía de Ron Bacardí S.A., Cerveza Polar, Ron Albuerne, etc., no se involucran en grandes campañas de competencia propagandística, limitándose a presentar alguna carroza u organizar algún paseo para propagandizar sus productos.*9*

Por ejemplo, la participación de la Compañía Ron Bacardí S.A. en los concursos de elección de reinas del carnaval, además de lo que ya vimos en el año 1937, no parece ir más allá de lo que anuncia el siguiente titular:

"Regio y deslumbrante será el baile de la coronación de las Reinas de carnaval que se efectuará en los jardines de la Cervecería 'Hatuey-Bacardí', el sábado 23 de julio" 10

La producción de artículos de carnaval al parecer ha ido pasando de su fase artesanal a un estadío industrial y comercial como se refleja en el siguiente anuncio:

"ARTICULOS DE CARNAVAL

CASCABELES, CARETAS, ANTIFACES, CONFETI, CORNETAS, MATRACAS... etc., a precios de por mayor los encontrará en SUCURSAL BELLAU

SACO Y CUARTEL DE PARDOS
(Frente al Mercado Vidal)
Stgo. de Cuba". 11

En el año 1936 el agente de la Cía. Crusellas S.A. en Santiago de Cuba realiza un interesante ensayo propagandístico que la prensa reflejó de esta manera:

"Gran Domingo de Carnaval JABON CANDADO patrocinado por Crusellas y Cía.

Sensacionales concursos con premios valiosos (se ofrece un primer premio de $50.00 y un segundo premio de $25.00 a comparsas y paseos respectivamente, así como otros premios a concursos musicales, disfraces a pie, etc.) CADA COMPARSA, PASEO, CONJUNTO, etc. Puede ir con el uniforme o disfraz que mejor estime, pero siempre es necesario que lleve algún asunto del JABON CANDADO o los demás productos de CRUSELLAS, como parte del conjunto. Igualmente las máscaras a pie deben tratar sobre dichos productos y los conjuntos musicales según se detalla" 12

Sin embargo, a la dirección de la empresa no le agradó la iniciativa propagandística de su agente, que significó un gasto considerable no previsto en el presupuesto, razón por la cual éste fue despedido. *13*

Aún la comercialización no había penetrado al carnaval y un hecho de esta naturaleza no se repetirá en muchos años, sin embargo, constituye un precedente de los certámenes propagandísticos en el próximo período.

Otro rasgo característico del carnaval, como lo es la elección de la reina, no tendrá un carácter organizado y regular, durante muchos años, más bien lo que existe es la elección más o menos espontánea de diversas reinas por parte de diarios, sociedades, clubes, etc., siendo certámenes de belleza donde no prima el interés económico de las candidatas. En el año 1936 la Asociación de Repórteres trata de darle un mayor realce a esta elección, realiza alguna propaganda y solicita la cooperación del comercio. Del carácter limitado de esta cooperación nos da una idea la siguiente nota periodística:

"Lista de regalos ofrecidos por el comercio a la Asociación de Repórteres, para ser donados a la Reina del Carnaval y sus cuatro damas de honor. El Dragón, un corte de vestido de crepé de seda, La Violeta de García y Cía. un valioso regalo

que daremos a conocer mañana, Alonso y Cía. un corte de vestido de seda, La Reina un par de salto de cama de piel, Boix y Cía. un regalo (y así todas las tiendas importantes brindan su cooperación con pequeños obsequios)". 14

La modestia de estos premios no será lo único que distinga a esta elección de la reina de la del siguiente año. También la composición del Jurado es una muestra de sus características, pues está constituido, según la prensa, por un grupo de artistas como José Boffil, el Dr. Carlos Ramírez Guerra, Rodolfo Hernández y otros.*15*

Se instituye también un concurso de Canto a la Reina cuyo premio es la imposición por parte de ésta de la "Flor Natural" y la entrega de un "Diploma de Mérito" al poeta ganador.*16*

La escasez de recursos con que cuenta el reinado de 1936 la muestra la pobreza de la carroza que se construye para la Reina y sus Damas que fue bautizada por el público santiaguero como "la pajarera" teniendo que ser guardada después de las primeras salidas para evitar el ridículo y siendo paseadas entonces éstas en un automóvil convertible alquilado. Esta carroza costó sólo $200.00. *17*

Los próximos dos años -1937 -1938- como ya habíamos señalado, el carnaval tendrá cierto carácter político, de aquí que cada Municipio de la Provincia elija una reina a través de los Diario de Cuba y Mundial y de los votos ya mencionados al precio de un centavo, vendidos por las respectivas Comisiones Municipales.

Además de la casa que recibe la candidata con mayor número de votos, las restantes candidatas triunfantes reciben un regalo en efectivo de $100.00, además de los regalos ofrecidos por el comercio santiaguero. La Comisión Provincial del Carnaval paga, también, el pasaje y hospedaje de las reinas de otros Términos Municipales. La composición del Jurado refleja el carácter del certamen, el cual está integrado totalmente por autoridades militares y civiles como el Coronel Diego Rodríguez, el Gobernador Angel Pérez André. El Alcalde Municipal de Santiago de Cuba Facundo Castelví, el Magistrado de la Audiencia Córdova, el Fiscal Pagliery y el Director del Carnaval Alberto García.*18* La escasez de noticias de prensa entre los años 1939 y 1947 a este respecto hacen suponer que el reinado no va a mantener luego estas características, retornando un tanto a la situación más o menos desorganizada de los años anteriores, primando los reinados de sociedades, clubes y uno que otro organizado por periódicos.

En rasgos generales hemos visto cuál es la situación existente al llegar el año 1948 en el cual da inicio la Gran Semana Santiaguera, desbordando con amplitud los moldes tradicionales existentes e instaurándose, de hecho, un nuevo tipo de carnaval por la intervención de grandes intereses económicos en su organización y desarrollo.

CAPÍTULO II

LA GRAN SEMANA SANTIAGUERA

En el capítulo anterior hemos visto en líneas generales las características del carnaval en la década del treinta y comienzos de la década del cuarenta, pudiendo decirse en conclusión que en estos años el Municipio de Santiago de Cuba sólo participa de una forma secundaria en el financiamiento del carnaval, a través de un presupuesto sumamente pequeño para este fin y el establecimiento de las medidas formales para su desarrollo. La organización práctica y el allegamiento principal de fondos se realiza a través de comités del carnaval más o menos oficiosos como el que organiza la Asociación de Repórteres y en años posteriores la Asociación de Periodistas Profesionales (Círculo Profesional de Periodistas).

Estos comités solicitan la ayuda de las empresas industriales y comerciales, tanto de la ciudad como a nivel nacional, y con lo recaudado establecen premios y festejos destinados a darle mayor colorido al carnaval.

La mayor parte de las empresas sólo cooperan con pequeños donativos que oscilan entre los diez y cincuenta pesos siendo escasos los de mayor cuantía que por lo general se realizan por parte de alguna gran empresa para que se establezca un premio de paseo, comparsa, relación, etc., a su nombre, con fines propagandísticos.

En esta cooperación no existe ningún mecanismo que haga excluyente la participación en base de igualdad de empresas rivales, y por tanto, ninguna obtiene un beneficio extra de propaganda. Como ya señalamos la mayoría de las empresas prefieren participar a través de la subvención a paseos, comparsas y otros componentes del carnaval que realizan la propaganda directa de la industria o comercio en cuestión.

Tampoco la elección de la Reina está sujeta a estos mecanismos de competencia de las empresas, sucediendo sólo como caso excepcional, en 1938, que las cajetillas del cigarro Edén tengan un valor en votos.

Como elemento comparativo podemos señalar que en 1946 la cooperación al Comité del Carnaval por parte de las empresas y comercios es como sigue:

Alvarez Camp y Cía..	$ 300.00
Ron Castillo..	200.00
Albuerne y Cía	200.00
Helados Guarina	25.00
Trinidad y Hno	100.00
La Violeta	40.00
Refrescos La Soriana	20.00
La Creación	50.00
Librería Renacimiento	25.00
Almacenes Siglo XX	50.00
Fábrica de Dulces La Avispa	50.00
Almacenes El Palo Gordo	50.00
Cámara de Comercio China	100.00
Ferrocarril Guantánamo y Occidente	20.00
La Francia	50.00
Cigarros Eva	25.00
Productos Aunada	10.00
Tabacalera Cubana S.A	20.00
Acción Ciudadana	100.00
La California	25.00
Comisión de Turismo	100.00
OK Gómez Plata	25.00
Cía. Ron Bacardí S.A	600.00
La Oriental	50.00 1
Total...................	$ 2,385.00

Como se observa claramente en el estado de cuentas anterior, junto con la Cía. Ron Bacardí S.A., existe la participación sustancial de otras empresas de bebidas como el Ron Castillo y el Ron Albuerne. Los contribuyentes son relativamente escasos y las contribuciones que hacen no alcanzan en ningún caso individualmente ni siquiera el millar de pesos, ni hay tampoco participación directa por parte de las compañías cerveceras.

En el año 1947 sólo se producen muy escasas variaciones, como el hecho de que el donativo de la Cámara de Comercio China desciende a $25.00 y el de la Corporación de Turismo asciende a $ 200.00.**2**

Las compañías cerveceras Polar y Cristal responden a la circular dirigida por el Comité del Carnaval solicitando cooperación, diciendo que deben dirigirse a sus respectivos agentes de la provincia, pero en los archivos no existe ningún dato que señale que los mismos hayan realizado algún tipo de contribución.

La carta circular en cuestión estaba redactada en los siguientes términos:

"El Círculo Provincial de Periodistas Profesionales de Oriente, en nuestro deseo de propender al mayor lucimiento y esplendor de los típicos y tradicionales carnavales que bajo la organización del Municipio de esta ciudad, habrán de llevarse a cabo durante los días del (sic.) 22 al 27 de Julio próximo, y al mismo tiempo sabedores de su espíritu altruista, con el fin de recaudar su modesta pero valiosa cooperación al sostenimiento de este Círculo, que al igual que todas las sociedades cubanas padece su crisis económica, es por lo que molestamos su atención, rogándole nos preste su ayuda económica.

En esas populares y alegres fiestas carnavalescas, para las que pedimos su cooperación, se efectuarán distintos concursos de los que participarán: Comparsas, Paseos, Carrozas, Máscaras a pie, Disfraces de Niños, Relaciones, Conjuntos Musicales, Bicicletas adornadas, Kioscos, etc.

En la seguridad de que habremos de vernos favorecidos con su generosa y espontánea aportación, ya sea en premios o en donativos, que serán publicados en todos los órganos de difusión, le anticipamos nuestra gratitud, quedando suyos aftmos.-

'POR EL CIRCULO PROVINCIAL DE PERIODISTAS DE ORIENTE'

Vto. Bno.

Alberto García Torres   *Carlos Nicot Benitez*
Presidente   *Secretario* **3**

Resulta interesante que esta Circular de la Cía. Ron Bacardí S.A. responda textualmente:

"Acusamos recibo de su atenta del 8 de los corrientes tratando sobre premios para el Carnaval y deseamos informarle que nuestra Directiva no ha acordado nada todavía con respecto a este particular, pero dudamos que esté dispuesta a conceder los premios que concedimos el año pasado". 4

Esta carta aparece firmada por José M. Bosch Sub-Director Gerente de la Cía. Bacardí que por último accede a conceder un donativo de $ 300.00. Esto ocurre exactamente el año antes de constituirse el Comité de la Gran Semana Santiaguera.

Al comenzar el año 1948, se hace evidente, que a menos que el carnaval sufra una seria transformación, no es posible que obtenga un financiamiento más alto por parte de los distintos grupos que podrían estar interesados en su utilización propagandística, fundamentalmente con fines económicos.

La utilización limitada que se le ha dado en este sentido en los años precedentes, si bien no pueden sentar la pauta definitiva de la línea a seguir, sí constituye una experiencia utilizable siempre y cuando se enfatice el carácter comercial y propagandístico. La iniciativa en este sentido va a tomarla José M. Bosch Lamarque, Sub-Director Gerente de la Cía. Ron Bacardí S.A., que lanza la idea en una reunión de la Junta Directiva de la Empresa, luego de haberse puesto de acuerdo con personas relacionadas estrechamente con la organización y la propaganda del carnaval en años anteriores, los cuales le han sugerido las líneas generales dentro de las cuales la compañía puede obtener beneficios importantes mediante una participación más directa en el desarrollo del carnaval.

La respuesta de la Junta fue positiva, ya que el carnaval por el gran auge que provoca en el consumo de bebidas alcohólicas, interesa directamente a los planes de venta de la Compañía y es por tanto parte de sus intereses de competencia con otras empresas similares.5

La idea no dejaba de tener sus puntos espinosos, por ejemplo ¿Cómo lograr que esta participación pueda realizarse sin que se pueda tachar a la compañía de deslealtad en la competencia? ¿Cómo evitar que oficialmente el prestigio del Municipio se vea afectado por la interferencia de la Empresa en el desarrollo de los carnavales? ¿Cómo lograr a la vez, mantener la exclusividad a fines propagandísticos y evitar que la Compañía aparezca como la monopolizadora de los beneficios?¿Cómo lograr darle visos de respetabilidad a la institución que se creará con este objeto? Y por último ¿cómo evitar que esta institución llegue a ser un elemento contrapuesto con los organismos que oficialmente organizan el carnaval?

La solución práctica a esta interrogante es lo que trae por consecuencia la creación en este año, del Comité de la Gran Semana Santiaguera.

La primera interrogante se va a resolver por una elaboración sumamente inteligente del Reglamento del Comité que en su artículo quinto establece:

> *"Los certámenes o concursos u otros actos que organice el Comité serán efectuados con la cooperación de las industrias, comercios, instituciones cívicas, asociaciones y particulares que sean seleccionados por el Comité y se obtendrá la ayuda de las autoridades y de la prensa".* 6

Según este artículo, teóricamente, cualquier empresa, asociación o individuo puede cooperar con el Comité en un plano de igualdad. Pero en el artículo sexto se establece:

> *"Los socios serán de tres clases: Fundadores, Protectores y de Honor.*
>
> *Serán socios fundadores aquellos que como su nombre lo expresa hayan fundado o iniciado esta asociación; quienes a la vez podrán ser Protectores.*
>
> *Protectores, los que contribuyan directa o indirectamente al sostenimiento y fines de la asociación, mediante aporte de cualquier clase.*
>
> *De Honor, los que designe mediante acuerdo la Junta General.*
>
> *Los socios podrán ser tanto personas naturales como jurídicas."* 7

Y en su artículo séptimo se expresa: *"Para ser admitido como socio Protector será necesario obtener la aprobación de las tres cuartas partes de los miembros integrantes de la Junta General".8*

Pero a la vez, éste último punto, o sea la aceptación de socios protectores, en otro artículo contradictorio deja de ser atribución de la Junta General para pasar a serlo de la Junta Directiva. Así, en el artículo once, se expresa en su aspecto d) que será función de la Junta Directiva: *"Admitir o rechazar los socios protectores propuestos o separar a cualquiera de los existentes."*9

A la vez en el aspecto h) del citado artículo se determina:

> *"Delegar en el Director de Festejos y Propaganda todas las atribuciones contenidas en el presente artículo y las demás que este Reglamento le confiere a la Directiva, el que deberá dar cuenta oportunamente de los actos que realice con ocasión de esta delegación"*10

La evitación de conflictos con el Municipio se resuelve utilizando el Reglamento Permanente de las Tradicionales Fiestas de Máscaras o Mamarrachos, mediante el cual se rige el carnaval y que establece en su artículo cuarto:" *"El Municipio de Santiago de Cuba, financiará las fiestas de máscaras; pero podrá admitir la cooperación de cualquier otra entidad, social, comercial, industrial, cívica o particular que desee participar en su organización y realización."* 11

El Comité, por tanto, siempre podrá alegar que su existencia no constituye un privilegio de ningún tipo pues cualquier grupo de personas o empresas está en idéntica condición para organizar una institución similar y que, por tanto, no hay un monopolio coercitivo del carnaval en lo que a ellos respecta. Este argumento, desde el punto de vista jurídico, es inobjetable, pero no debemos olvidar que de hecho el Comité cuenta desde su fundación con todo el apoyo oficial del Municipio, hasta el extremo de que en los años 1948, 1949, 1950 y 1951, el Presidente del Comité es Luis Casero Guillén, Alcalde Municipal de Santiago de Cuba, aunque éste siempre podrá decir que participa en la misma medida en las actividades de otras pequeñas asociaciones que cooperan igualmente con el carnaval santiaguero.

La respetabilidad de las instituciones se logra a través de dos vías fundamentales: una de ellas, la inclusión en la Directiva de amplia representación de las clases vivas de la ciudad, como presidentes de clubes, asociaciones, industriales, comerciantes, prensa, etc., y además de esto por los fines públicos que declara tener el Comité en beneficio de la ciudad. Así tenemos que en el artículo primero de su Reglamento se expresa que:

"Esta asociación (...) tiene por objeto cooperar al mejor lucimiento de los carnavales que tradicionalmente se celebran en esta ciudad en honor de su patrono Santiago Apóstol, organizando y celebrando al efecto cuanto festejo, certámenes, concursos y demás que se estimen convenientes. Procurará además la atracción y fomento del turismo y la exaltación de nuestra tradiciones."12

El expediente utilizado para evitar una contraposición o choque de funciones entre el Municipio y el Comité, en cuanto a la organización de los festejos carnavalescos, se resuelve nombrando al Director de Festejos del Municipio, señor Alberto García Torres –encargado éste, entre otras funciones, de la organización del carnaval santiaguero--, Director de Festejos y Propaganda del Comité, cargo que, como ya hemos visto tiene amplísimas atribuciones. Para abundar al respecto veamos el artículo diecinueve del Reglamento, dedicado exclusivamente a normar las atribuciones del Director de Festejos y Propaganda, donde se señala que:

"Son atribuciones del Director de Festejos y Propaganda:

Organizar los actos y festejos y los escrutinios, certámenes y concursos a que se refiere el artículo primero del Reglamento, dictando al efecto las bases, reglamentos y demás disposiciones pertinentes para la organización, desarrollo y propaganda de los mismos; integrar como asesor los comités y comisiones que forme la Directiva; asesorar a la Directiva y a sus integrantes en todas las atribuciones y deberes que a los mismos competan; efectuar propaganda por la prensa, radio y cuantos más medios estime convenientes de todos los actos, festejos, certámenes y concursos dispuestos por esta asociación; gestionar la cooperación de todas las autoridades, así como de las entidades o empresas industriales y comerciales y de asociaciones y de particulares que considere pertinente, para el mejor lucimiento de los actos que se dejan relacionados en este artículo; designar y dirigir el personal que emplee la asociación en cualquier momento. Para el ejercicio de cualquiera de las atribuciones reseñadas anteriormente será preciso el consentimiento de la Junta Directiva"13

Los fines que persigue la Compañía Ron Bacardí S.A. con la creación del Comité de la Gran Semana Santiaguera, quedan plasmados en una entrevista que se le hace a su principal promotor señor José Bosch Lamarque, donde expresa:

"Los carnavales, antes de la Semana Santiaguera eran unos simples festejos a los que alguno que otro comerciante o industrial entusiasta prestaba su cooperación. Era evidente que si esa cooperación se organizaba los industriales y comerciantes podrían duplicar o triplicar sus ventas. Así concebí la Semana Santiaguera. Se organiza un concurso para elegir la Reina del Carnaval. Los votos se adquieren mediante la adquisición de productos. Las candidatas y sus entusiastas partidarios, se entregan entonces a la tarea de vender tales o cuales productos con tal de obtener los votos. Se conceden premios. Colaboran (sic.) los de Santiago de Cuba pero también los de la capital de la República que venden sus productos aquí. La misma BOHEMIA, este año, ha donado valiosos premios y ha insertado en sus páginas propaganda gratuita a la Semana Santiaguera. Todo lo recaudado va a parar a manos de un Comité cuyo presidente es el Alcalde Municipal en el cual están representadas las instituciones que han demostrado interés en este evento que comienza a hacer tradición. Hay concursos de vidrieras comerciales, de comparsas, de bailes, de máscaras, de carrozas, de conjuntos musicales

En fin, es una verdadera emulación dispuesta al mayor realce de los festejos carnavalescos. Para ello la Semana Santiaguera coincide con las festividades religiosas en las que los santiagueros celebran sus carnavales. El comercio obtiene ganancias. La industria, por ende sale beneficiada y la ciudad gana con el esplendor de unas fiestas que están constituyendo un verdadero atractivo para el turismo nacional."14

Para comprender la importancia que tiene el Comité de la Gran Semana Santiaguera en la organización y desarrollo del carnaval, es necesario conocer los complejos mecanismos de vinculación de éste con las distintas instituciones oficiales.

La vinculación con el Gobierno Provincial, oficialmente, es sólo la de una asociación que se inscribe cumpliendo con todos los requisitos legales como queda expuesto en la carta dirigida por la Secretaría del Gobierno Provincial el 28 de abril de 1954 a el señor Aurelio Raffo Gutiérrez Presidente del Comité en este año, que dice textualmente:

"Sr:

Tengo el gusto de poner en su conocimiento que con esta fecha el Señor Gobernador ha dispuesto que se tome razón del acta de Constitución Definitiva de la Sociedad mencionada, en el Registro Especial de Asociaciones, por lo que ha quedado inscripta al Folio 180 del Tomo Sexto Expediente No. 37 del año 1954.

Significole que es requisito indispensable la remisión por duplicado, anualmente, de los Balances de Fondos Sociales, las actas que conste la renovación de la Directiva, en su fecha correspondiente, fijándole al original de cada documento un sello del Palacio de Justicia y veinte centavos en sellos del Timbre Nacional, debidamente inutilizados y sellos de Indemnización de acuerdo con la nueva LEY ORGANICA DE LAS PROVINCIAS, por valor de UN PESO a las actas o certificaciones de cambio de directivas.

Estos documentos carecerán de eficacia legal, si no se envían a este Gobierno dentro de los diez días siguientes a la fecha en que éstos deben relegalizarse." 15

Una vez garantizados estos trámites de inscripción de la Sociedad se procedía a solicitar del Ministerio de Gobernación permiso para celebrar el certamen de elección de la reina y su corte con sus características propagandísticas. Las repuestas del Ministerio de Gobernación son generalmente de este estilo.

"Señor Alberto García Torres

Director de Festejos de la Gran Semana Santiaguera

Santiago de Cuba.

Señor:

Cumpliendo instrucciones del Señor Ministro me refiero a su comunicación de fecha 20 de abril del actual, por la que interesa permiso para celebrar un certamen para elegir la Reina y su corte, mediante la cooperación de la industria y el comercio, quienes facilitarán las envolturas, chapitas, etiquetas, etc. de sus productos, sin lucro de ningún género y como medio para poder adquirir los votos; todo ello como un aporte a los festejos que habrán de celebrarse en el entrante mes de julio en Santiago de Cuba, los que se tienen calificados como "Una Gran Semana Santiaguera".

En relación con todo lo anteriormente expuesto participo a Ud. que este centro no advierte inconveniente alguno en que tales festejos se celebren así como el certamen en la forma organizada siempre, desde luego, que se garantice en todo ello la conservación del orden público". 16

Estas son propiamente las gestiones formales que realiza el Comité a fin de no hacerse vulnerable legalmente, ya que, de serlo, podría ser atacado con éxito por las empresas competidoras interesadas en su desaparición. Esta legalidad del Comité se resaltará constantemente en cualquier exposición sobre la misma que haga el Director de Festejos y Propaganda, ya sea para organizar los diversos certámenes o para dar a la publicidad cualquier elemento que se refiera al mismo.

Ya hemos visto que las relaciones con el Municipio están también legalmente institucionalizadas y que a éste, en lo formal, se le mantiene su carácter de organizador exclusivo del carnaval como reza el artículo primero del Reglamento permanente de las Tradicionales Fiestas de Máscaras o Mamarrachos del Municipio de Santiago de Cuba, que establece: *"El Municipio de Santiago de Cuba, tendrá a su cargo todo lo concerniente* *a la organización y realización de las tradicionales Fiestas de Máscaras en esta ciudad."*17

Por tanto es el Municipio quien define el carácter de las fiestas, las fechas en que se efectuarán, autorizará los bailes, ensayos, la instalación de kioscos, la participación de las empresas en los carnavales, reglamentos de los premios, nombramientos de jurados y garantía de orden público. *18*

Si toda esta reglamentación se cumpliera, serían muy pocas las prerrogativas que quedarían al Comité y, por tanto, su eficacia como empresa comercial, estaría sumamente limitada. La situación, como habíamos señalado, queda resuelta debido al doble carácter del Director de Festejos y Propaganda del Comité. La Alcaldía se limitará a promulgar los Bandos para regular las fechas de las fiestas y el mantenimiento del orden, así como a destinar un presupuesto determinado para el desarrollo del carnaval. Pero todo el trabajo práctico, organizativo y administrativo, estará a cargo del Comité de la Gran Semana Santiaguera, que es quien determina las peculiaridades del carnaval de cada año, condicionándolo a la realización de los certámenes de carácter propagandístico.

Este virtual Comité de Carnaval de Santiago de Cuba, tiene de hecho tres vías diferentes de ingresos, provenientes de las recaudaciones del Comité de la Gran Semana Santiaguera propiamente dicho, con aportes de las empresas comprometidas en los certámenes o donativos; el presupuesto del Municipio para los carnavales y el aporte del Gobierno Central con el mismo fin. Con los ingresos provenientes de las tres fuentes se constituye de hecho un fondo común con el que financian los gastos de organización, subvenciones de comparsas y paseos, los diferentes premios y los gastos de propaganda.

Los gastos se distribuyen aproximadamente de la siguiente forma: al Municipio le corresponde el pago de las subvenciones a paseos y comparsas, y los gastos iniciales de organización del carnaval, como son el concurso del Cartel de Propaganda del Carnaval, la confección y distribución de éstos por toda la República, algunos fuegos artificiales y los gastos que todas estas gestiones originan; el crédito del Gobierno Central se utiliza en pagar la mayor parte de los premios, las invitaciones a las gradas, gastos de organización, propaganda, etc.; el Comité de la Gran Semana Santiaguera financia la total propaganda comercial, los gastos de organización y los premios del certamen de elección de la Reina y sus Damas de Honor, la carroza de la Reina, la Cabalgata Nocturna, la coronación, etc.

Como el manejo de fondos es común, la distribución efectiva a veces no aparece claramente reflejada en los respectivos estados de cuenta, intercambiándose algunos elementos de acuerdo a las disponibilidades que de uno u otro fondo exista en un momento determinado. Los fondos se depositan en el Banco Boston en el caso del Comité de la Gran Semana Santiaguera y del crédito del Gobierno Central, mientras que los del Municipio permanecen manejados por la tesorería del mismo.

El poder disponer de recursos financieros tan amplios, de hecho permite un carnaval de grandes dimensiones con un atractivo suficiente como para hacer afluir no sólo a los habitantes de la ciudad sino prácticamente a personas de toda la Isla, lo cual constituye un incremento en el consumo que favorece a todas las empresas vinculadas a la producción de bebidas. A la vez, resultan favorecidas las empresas de transporte, hoteles, y los dueños de pequeños establecimientos – kiosco, bares, cantinas, etc.- que funcionan en el marco del carnaval. Se cumple así uno de los objetivos del Comité de la Gran Semana Santiaguera, favorecer el auge del turismo nacional en beneficio de la ciudad.

De esta forma el Comité de la Gran Semana Santiaguera viene a jugar, en Santiago de Cuba, el papel que juega en La Habana –naturalmente salvando las distancias- la Corporación Nacional de Turismo que dedica a la organización y desarrollo de los carnavales en esa ciudad la suma de cuarenta mil pesos más treinta mil pesos para propaganda en los Estados Unidos, en tanto que esta misma Corporación dedica solamente entre $200.00 y $300.00 y una copa como premio a la mejor carroza y comparsa respectivamente en Santiago de Cuba. Esta falta de apoyo oficial facilita evidentemente el que el Comité de la Gran Semana Santiaguera pueda tomar el papel directivo en los carnavales santiagueros. *19*

El Comité en el año 1948 quedará integrado de la siguiente forma:

Presidente;	*Sr. Luis Casero Guillen.-Alcalde Municipal*
Vice-Presidente:	*Dr. Miguel A. Ibarra Tellez.-Por el Club Rotario.*
Secretario:	*Dr. Pablo Fajardo Jané.-Por el Ayuntamiento.*
Vice-Secretario:	*Sr. Francisco Casero Guillén.-Por el Club de Leones*
Tesorero:	*Sr. Aurelio Raffo Gutiérrez.- Presidente de la asociación de Viajantes de Oriente.*
Vice-Tesorero:	*Dr. Felipe Martínez Arango.-Por Acción Ciudadana*
Vocales:	*Sr. Enrique Cañas Abril.-Por las Compañas de Seguros.*
	Sr. Gerardo Abascal Berenguer.-Presidente de la Cámara de Comercio.

Sr. José Bosch Lamarque.-Por la Industria.

Sr. Benigno Souto Yrago.-Presidente de la Unión de Detallistas.

Sr. José María Bou Badrena.-Por la Asociación de Comerciantes e Industriales

Sr. Angel Luis Lorié Cordumí.-Por el Turismo.

Director de Festejos

Y Propaganda: *Sr. Alberto García Torres.-Presidente del Círculo Provincial de Periodistas de Oriente. 20*

Los participantes en el concurso industrial cooperan en la forma siguiente en este año de 1948.

Cia. Ron Bacardí............................	*$ 7,122.19*
Canada Dry de Cuba	*1,105.62*
Boytel Industrial S.A	*89.68*
Laboratorios Gravi	*89.31*
Café El Molino	*29.20*
	$ 8, 435.00 21

El certamen alrededor del cual gira en realidad la Gran Semana Santiaguera es, por sus posibilidades comerciales, la elección de la Reina y sus Damas de Honor. Para garantizar estas posibilidades, como es natural, la reina no será electa por un jurado artístico en base a su mayor belleza, sino por el número de votos que es capaz de recaudar durante el desarrollo de la campaña.

Las Bases del concurso en este año serán las siguientes:

"1.- Se realiza este certamen por iniciativa del Comité de la Gran Semana Santiaguera, con la cooperación de la industria, comercio, instituciones cívicas, prensa y las autoridades.

2.- El certamen será exclusivamente local para elegir una Reina y cuatro Damas de Honor.

3.- La elección de la Reina y las Damas de Honor se hará por medio de la obtención de todas las etiquetas de los productos de la Compañía Ron Bacardí y Cerveza Hatuey; chapitas de todos los productos Canada Dry, y cartuchitos del Café "El Molino".

4.- Para figurar como candidata en el presente reinado de la Gran Semana Santiaguera, será requisito indispensable, ser empleada de la industria, comercio u oficinas y tener desde el primer escrutinio que se celebrará el sábado 22 del mes de Mayo, un número no menor de 5,000 votos.

5.- El certamen comienza el día 15 de Mayo de 1948 y terminará el Jueves 15 de Julio del propio año, a las ocho de la noche, en que se celebrará el último escrutinio.

6.- Los escrutinios se celebrarán en los Salones del Círculo Provincial de Periodistas, con la intervención de un notario público, todos los sábados a las ocho de la noche.

7.- Todas las etiquetas, tapitas y cartuchitos serán entregados en la oficina del Comité en el Círculo Provincial de Periodistas, situada en la calle de Aguilera número 301, esquina a Lacret, en donde les será entregado un recibo por el número de votos que entregue y a favor de su candidata, cuyo recibo será depositado en una urna para ser escrutado los días señalados.

8.- De entre todas las candidatas será proclamada Reina la que obtenga mayor votación y Damas de Honor las cuatro que le sigan en orden en la votación, recibiendo la Reina entre otros premios una máquina automóvil; último modelo 1948 y las Damas de Honor valiosos regalos donados por el Comité, la industria y el comercio.

9.-(Aquí viene la lista de nombres y cargos de los integrantes del Comité de la Gran Semana Santiaguera en 1948 que ya citamos anteriormente.)

10.- Todo cuanto está consignado en estas bases será determinado y resuelto por el Comité en su carácter de Jurado que será el que admitirá o rechazará a las candidatas que participen en el concurso.

<u>*Valor de las Etiquetas, Tapitas y Cartuchitos*</u>.

Productos Bacardí:

Añejo	*1 etiqueta 25 votos*
1873	*1 etiqueta 25 votos*
Carta Oro	*1 etiqueta 25 votos*
Carta Blanca	*1 etiqueta 15 votos*
Elixir	*1 etiqueta 15 votos*
Anís	*1 etiqueta 15 votos*
Palmita	*1 etiqueta 2 votos*
Refino	*1 etiqueta 2 votos*
Cerveza Hatuey	*1 etiqueta 1 voto*

Productos Canada Dry por cada cuatro tapitas un voto.

Café El Molino por cada 5 cartuchitos de 3 y 5 centavos un voto.

Nota: estas bases serán ampliadas de acuerdo con la participación de otras industrias y comercios que deseen cooperar al éxito de este certamen y de los festejos de la Gran Semana Santiaguera, que se celebrarán en los días de nuestras tradicionales máscaras, en el mes de Julio". 22

En estas bases podemos observar algunos artículos que resultan de interés, por ejemplo, el tercero que es el que hace rentable el concurso para las empresas que contribuyen al mismo, pues, al obtener los votos a través de etiquetas, chapas, etc., éste garantizará que las candidatas interesadas en la obtención de los mismos se conviertan de hecho en agentes de promoción de ventas y propaganda de las citadas empresas. Estas obtienen así, durante los meses en que el certamen se desarrolla, un incremento en sus ventas y una propaganda que los resarce con creces de la inversión que realizan con su aporte al concurso.

El artículo cuarto, que aparentemente sería inexplicable, tiene por objeto garantizar la rentabilidad de cada una de las candidatas individualmente, pues no sólo se exige que presente de inicio un número mínimo de votos, sino que además, al ser empleadas de industria, comercio u oficina se espera que puedan contar con el respaldo de las empresas u organizaciones a las cuales pertenecen, pues, al una empresa poseer una candidata le será un magnífico recurso de propaganda respaldarla en todos los sentidos, y por tanto, favorecer su obtención de votos garantizando así el éxito del certamen.

Los premios que se otorgan a la Reina y sus Damas tienen un valor suficiente como para ser por sí mismos un incentivo poderoso de la competencia entre las diversas candidatas. Una preocupación constante del Comité será lograr que el número de éstas sea lo bastante amplio como para mantener siempre latente la competencia y las reglas que se establecen en cuanto al número de votos que deberá entregarse para cada escrutinio tienen el mismo objeto. Como luego de cada escrutinio se da el resultado de las votaciones se obtiene mantener vivo el interés de las candidatas para mejorar su posición en el próximo.

El tiempo relativamente amplio que dura el desarrollo del certamen y la frecuencia de los escrutinios garantiza mantener la efervescencia propagandística y el auge de las ventas de las diversas empresas participantes del Comité.

Sin embargo, no dejan de suscitarse inconformidades en cuanto a los beneficios obtenidos por participar en el concurso como vemos en la siguiente carta dirigida por los Laboratorios Gravi S.A. al Comité donde dice:

"Ya enviamos al Sr. Orlando Suárez Balais nuestro representante en esa plaza check por la cantidad de $89.31 que liquida nuestra participación en el Concurso de la Gran Semana Santiaguera.

El Sr. Orlando Suárez le hará entrega a usted de dicha cantidad y le ruego le haga un recibo por la misma.

Sentimos mucho no poder corresponder con la cooperación que en su última carta interesa, por una razón muy sencilla.- Se trata de lo siguiente:

Hemos venido revisando las envolturas de los productos que fueron designados para el concurso y nos encontramos con que dichas envolturas no demuestran pertenecer a compras realizadas recientemente, o sea, que son etiquetas y envolturas de productos comprados hace tiempo.- Especialmente las envolturas de la Pasta Dental están un poco deterioradas y todo hace pensar que han sido recogidas en las calles, o que han estado guardadas esperando nuestros acostumbrados concursos anuales.

Todo esto quiere decir que si bien ese concurso respondió con una buena cantidad de envolturas, nuestras ventas se han mantenido al mismo nivel, sin que nosotros notemos aumento alguno.

Desde luego que ese Comité no tiene la culpa en lo más mínimo por cuanto cumplió con lo prometido, y en este caso, lo que nosotros hacemos es también cumplir con pagar el porcentaje acordado". 23

Por el contrario otras empresas que no participan oficialmente del certamen, realizan aportes de mucha mayor cuantía que la Gravi a cambio de la propaganda que reciben por los mismos, lo cual les parece suficientemente rentable. Por ejemplo, Crusellas y Cía. S.A. aporta $200.00 como obsequio a la Reina y $50.00 para cada una de las Damas, así como pone a disposición del Comité su carro amplificador, para utilizarlo en las tareas de propaganda. Este elemento 24 será utilizado para presionar a los Laboratorios Gravi S.A. a dar mayor cooperación, aunque sin obtener resultados positivos en este año. 25

Los diversos tipos de cooperación los gestiona el Comité, bien sea por las visitas a los comercios e industrias o por el envío de cartas solicitándolos o ambos elementos ligados.

La circular tipo que se envía es la siguiente:

"Muy señor nuestro:

El Comité de la 'Gran Semana Santiaguera' integrado por todas las clases vivas de la ciudad, con el fin de recabar fondos y premios, en su deseo de propender al mayor lucimiento y esplendor de las típicas y tradicionales máscaras, que bajo la organización del Municipio de esta ciudad, habrán de llevarse a cabo durante diez días, correspondientes a la última semana del mes de Julio próximo, para que estos resulten grandiosos y de gran aporte económico a la ciudad y en particular al comercio y la industria, molesta su atención con el ruego de solicitar su modesta pero valiosa cooperación para el éxito de estas fiestas.

Esperamos que esa importante_____ nos brindará su entusiasta ayuda al igual que en años anteriores, ofreciendo un premio o donativo en efectivo anunciador de la misma, lo que publicaremos ampliamente en todos los periódicos y radioemisoras de la ciudad, con el propósito de que sea conocido su generoso aporte a la vez lo ofreceremos en premios o donativos en los distintos concursos convocados, tales como: Comparsas, Paseos, Carrozas, Máscaras a pie, Disfraces de Niños, Conjuntos Musicales, Kioscos, Vidrieras y Fachadas Comerciales, Feria de las Flores y otros.

También este Comité ha organizado un gran certamen para la elección de la Reina de las Máscaras, en el que toman parte distinguidas señoritas pertenecientes al comercio, industrias, oficinas, etc.

Los festejos se efectuarán durante los días del 22 de Julio al 1ro. De Agosto

En la seguridad de que habremos de vernos favorecidos con su generosa y espontánea aportación, le quedamos suyo, aftmo. amigo y s.s.

Dr. Miguel A. Ibarra T.   *Alberto García Torres*
Presidente   *Director de Festejos*
                            y Propaganda del Comité

<u>COOPERACIÓN</u>

Premio para los concursos.
Premios para las Reina y sus Damas
Donativos para la organización de los Festejos por el Comité.
Presentar carrozas, Comparsas y Paseos, etc."   26

Con ligeras variantes se envían a los diversos tipos de instituciones, de acuerdo con sus características y la cooperación que podrían ofrecer al Comité.

Con las empresas que se espera que participen en el Concurso, los trámites son algo más complicados por cuanto debe establecerse la magnitud del aporte que los mismos harán y el valor en votos que tendrán sus productos, estableciendo además, las obligaciones que contrae el Comité con las mismas a cambio de dicho aporte.

Los acuerdos a que se llegan con los Laboratorios Gravi S.A., por ejemplo, consisten en que éstos aportarían el uno por ciento del valor de los productos cuyas etiquetas sean canjeadas por votos durante el desarrollo del certamen, a cambio de esto el Comité se compromete a hacer una amplia propaganda de estos productos en este período de tiempo.

El valor de los distintos productos, no seguirá este año una base común en cuanto al precio de éstos, pues tenemos que, por ejemplo, Boytel Industrial S.A. que aporta al Comité $89.68 ha representado un número de 667,445 votos mientras que los Laboratorios Gravi S.A. que han aportado la suma de $ 89.31 ha representado un número de votos de 904,082 **27** estableciéndose la relación de acuerdo con las conveniencias del Comité y de la industria respectiva.

La Cía. Ron Bacardí S.A. por su relación especial con el Comité, se rige por reglas propias a este respecto, ya que si bien aporta la cantidad establecida de acuerdo con el número de etiquetas canjeadas por sus votos, además de esto aporta la cantidad de dinero necesaria para cubrir los déficits de recaudación del Comité, pues los beneficios que obtiene, tanto en ventas como en propaganda, satisfacen ampliamente cualquier gasto de este tipo. Esta relación se mantiene todos los años en que funciona el Comité de la Gran Semana Santiaguera. **28**

El Comité de la Gran Semana Santiaguera mantendrá durante toda su existencia la tradición de solicitar de los diferentes clubes y sociedades locales —como lo hace con personas tanto naturales como jurídicas- no sólo donativos y regalos para la Reina y sus Damas, sino además la organización de bailes de máscaras, carrozas, comparsas, paseos, comidas de homenaje, etc., con el fin de darle mayor realce a los carnavales de la ciudad y a la vez al certamen organizado por el mismo, por cuanto, todas las actividades de los festejos organizados por éste convergen en la figura de la Reina del Carnaval y sus Damas de Honor.

Al comercio, además de solicitársele los consabidos donativos, se le sitúa como medio de cooperación la adquisición de Bonos del Comercio —los cuales tienen un valor en votos- a un precio de cinco votos por un centavo, este año, que le eran entregados al público consumidor por las compras que realizaran en el comercio en cuestión. Las recaudaciones del Comité por este concepto, aunque son relativamente altas este año -$ 900.00—tienden a disminuir en años posteriores, por cuanto, la mayoría de los comerciantes, no se interesa en ellos y los que los adquieren más que darlos al público consumidor tienden a darlos directamente a sus candidatas, por lo que tiene que enfrentar dos opiniones en contra, la del propio comerciante que no es uno de los más favorecidos con el desarrollo del carnaval y la del público consumidor que prefiere solicitar otro tipo de obsequio del comerciante a cambio de sus compras. *29*

Las diferentes asociaciones de comercio reciben además este año la petición por parte del Comité de cerrar los establecimientos el lunes 26 de Julio, festividad de Santa Ana, por haber resultado domingo el día de Santiago Apóstol –día 25- lo cual significa la pérdida para los comercios de las ventas de un día.*30*

La restante vía de recaudación para el Comité es la venta directa de bonos a su nombre que también en el primer año significaron un aporte importante - $ 1,200.00- pero que igualmente van perdiendo capacidad de recaudación hasta desaparecer en el último certamen que organiza el Comité.*31* El valor de estos Bonos del Comité era inicialmente de cinco votos por un centavo en este año.

Las empresas rivales de la Compañía Ron Bacardí S.A. no dejaban de establecer concursos y actos con el mismo fin, aunque a una escala mucho más reducida. Tal es, por ejemplo, el caso de los tradicionales fuegos artificiales de la Cerveza Polar y la elección este año de la llamada Reina del Fangó Bacuá financiada por el Ron Palau que además organiza un concurso de kioscos *32* y de paseos y comparsas.*33*

No debemos sacar en conclusión de todo el esfuerzo que se despliega por parte de algunas empresas en el Comité de la Gran Semana Santiaguera o concursos similares, que ésta es la única forma de participación del comercio y la industria en el carnaval, pues, además de esto, continúan realizando inversiones directas de propaganda bien sea subvencionando comparsas, paseos, instalaciones de kioscos, conjuntos musicales, etc. en el caso de las empresas de bebidas estableciendo un fondo para brindar gratis sus productos en los lugares de consumo. La inversión realizada por este concepto resulta superar ampliamente los gastos que ocasionan el Comité o cualquier otro festejo similar, junto con el aporte oficial. Esta afirmación no podemos sustentarla con el apoyo documental necesario, por la desaparición o dispersión de los archivos correspondientes, pero todos los testimonios de personas relacionadas con esta cuestión convergen en dicho sentido.

El Comité este año, como forma de cerrar los festejos, crea un nuevo elemento folklórico de gran colorido, conocido como la Cabalgata Nocturna, tomando esta experiencia de los carnavales de La Habana y adaptándola a las características del carnaval santiaguero. Este evento consiste en un recorrido por las calles de la ciudad de todas las comparsas y paseos, así como conjuntos musicales, relaciones, máscaras a pie, carrozas, etc., reunidas que resultan un espectáculo impresionante. Esta cabalgata se realiza antes de dar a la publicidad los premios otorgados, significando un gasto más para el Comité, pues entregaba subvenciones a los grupos más importantes por su participación en la misma. El éxito obtenido por el Comité con la organización de este evento como parte del carnaval es tan grande que lo mantiene durante todos los años siguientes.

A términos folklóricos, aunque éste no haya sido un elemento tradicional del carnaval santiaguero, constituye sin duda alguna un aporte positivo al mismo que contribuyó a realzar el prestigio del Comité, haciéndolo menos vulnerable a las críticas que pudieran surgir contra el mismo, pues siempre podría alegar que había contribuido a darle mayor auge a los carnavales.

Resumiendo este año –el primero de la Gran Semana Santiaguera- y apoyándonos en los estados de cuentas existentes podemos comprobar un incremento en el financiamiento oficial del carnaval. También, que el Comité de la Gran Semana Santiaguera ha sido este año básicamente financiado por la Cía. Ron Bacardí S.A., por cuanto que el aporte que realiza el resto de las empresas es en realidad mínimo. Por otro lado, podemos observar, que el carnaval se ha adaptado rápidamente a los fines comerciales que se perseguían y que es en este sentido que debemos considerar el auge que experimenta.

El año 1949 presenta algunas variantes en la composición del Comité estando constituido el mismo de la siguiente forma:

"Presidente: *Luis Casero Guillén.-Alcalde Municipal*
Vice-Presidente: *Aurelio Raffo Gutiérrez.- Presidente Asociación de Viajantes de Oriente.*
Secretario: *Conzalo Currás Argüelles.-Distribuidor General.*
Vice-Secretario: *Pablo Fajardo Jané.- Corporación Nacional de Turismo.*

Tesorero:	**Emiliano Montes Rosell.- Agencias de Publicidad**
Vice-Tesorero:	**José M. Bou Badrena.- Asociación de Comerciantes**
Vocales:	**Luis A. Mestre Espinosa.- Presidente de la Cámara de Comercio.**
	Enrique Cañas Abril.- Presidente Club Rotario.
	Carlos Pera Conesa.- Presidente Acción Ciudadana.
	Mariano Roca Gutiérrez.- Presidente del Club de Leones.
	Alfredo Hernández Mirabal.-Presidente de la Unión de Detallistas e Industriales.
	José M. Bosch Lamarque.- Industriales.

Director de Festejos
Y Propaganda: **Alberto García Torres.- Presidente del Círculo Provincial de Periodistas. 34**

Aunque no sabemos si el hecho resulta puramente casual, es interesante observar, que de los integrantes de la Directiva con cargos del año anterior pertenecientes a clubes y asociaciones locales, hayan pasado a ocupar cargos de vocales, mientras que los cargos de la dirección ejecutiva son ahora ocupados por representantes de instituciones más o menos ligadas a la industria y el comercio.

Se observan también variaciones en cuanto a las empresas participantes en el concurso para elegir a la Reina, cuyo número se amplía. Sólo se da un caso de una empresa –la Canada Dry- que habiendo participado en el año anterior de manera destacada no lo hace en éste, sin que exista ningún elemento documental para explicar éste fenómeno. Las empresas que participan este año son las siguientes:

Cía. Ron Bacardí S.A. con todos sus rones y la Cerveza Hatuey, Diario de Cuba, Refrescos Irombeer S.A. –posible sustituto de la Canada Dry si recordamos el carácter exclusivo que tiene el concurso-; café "El Molino"; Laboratorios Gravi S.A. y Galletas y Bizcochos "Unica" y los productos Mayflowers. Continúan existiendo también los ya mencionados Cupones del Comercio y Cupones del Comité.

Este año, teniendo en cuenta la experiencia del anterior, en que la mayoría de las empresas participantes sólo habían hecho un aporte irrisorio, se establece una nueva base de compromiso firmándose contratos de este tipo:

"Compromiso entre el señor Luis Rodríguez y Rodríguez en su carácter de representante de las Galletas y Bizcochos "Unica" y el Comité de la Gran Semana Santiaguera.

El señor Luis Rodríguez y Rodríguez se compromete a abonar el mínimo de Doscientos pesos ($ 200.00) m.o. por la propaganda y aceptación de cupones que se expedirán en los lugares donde se venden los productos por él representados, los que serán canjeados por votos para la elección de la Reina de Belleza y de las Máscaras en el Certamen que auspicia este Comité.

El señor Rodríguez y Rodríguez, abonará la cantidad de un centavo ($ 0.01) por cada veinte cupones o votos antes y después de la cantidad mínima pero con la obligación de abonar esa cantidad si no llegare a los dos cientos pesos ($200.00) y si pasare de la misma continuará pagando veinte cupones o votos por un centavo.

Y para que así conste extendemos y firmamos el presente en la Ciudad de Santiago de Cuba, a un sólo tenor y efecto, a los doce días del mes de Mayo de 1949. 35

Esto garantiza una participación mayor y más estable de las empresas participantes en el Concurso, con lo que aumentan los recursos disponibles por el Comité para fines de propaganda y la organización de los certámenes. A pesar de que el número de empresas participantes y el aporte individual de cada una es mayor los fondos principales de que continúa disponiendo el Comité provienen de la Cía. Ron Bacardí S.A.

Otra alteración que se introduce, es el dar inicio al Certamen de elección de la Reina desde el 16 de abril de ese año, o sea, casi un mes antes de lo que se había hecho en el año anterior con lo que se persigue tener un margen de tiempo más amplio de incremento tanto de la propaganda como de la venta de los productos comprometidos en el concurso, para de esta forma, obtener mayores utilidades de la inversión que significa el aporte de cada una de las industrias al Comité.

Fuera del marco del mismo se incrementa también la propaganda en los carnavales, ampliando el número de recursos, subvenciones, etc., hasta abarcar prácticamente todo lo que puede ser útil como medio de propaganda, desde fijar anuncios de los productos de Bacardí en los kioscos y calles de la ciudad y distribuir igualmente propaganda por el resto del país, hasta establecer un gran número de premios y concursos cuyo denominador común sea la propaganda de los productos Bacardí. Esto sin contar el gran volumen de propaganda a través de la prensa y la radio.36 Aunque carecemos de pruebas documentales precisas, podemos señalar que las restantes empresas vinculadas de una u otra forma al carnaval hacen otro tanto y, básicamente, las compañías competidoras de Bacardí interesadas en contrarrestar el barraje propagandístico de ésta, lo cual convierte al carnaval santiaguero en una amplia campaña de competencia comercial, donde en ocasiones, el afán de mantener el prestigio de una determinada empresa, le forzará a incrementar esfuerzos propagandísticos aún a precios relativamente altos.

Un caso interesante de propaganda lo tenemos en la participación del Diario de Cuba en el certamen del Comité de la Gran Semana Santiaguera, donde el mismo, a cambio de obtener el derecho a insertar un bono por valor de cinco votos en cada ejemplar del periódico, se compromete a realizar gratuitamente toda la propaganda necesaria al Comité, consistiendo en esto su aporte al mismo.37 Esta experiencia no se repite en años posteriores, posiblemente debido a que esta participación no le resultó rentable al periódico, que podía obtener ganancias relativamente amplias cobrando las numerosas pulgadas de impresos que cada año publica el Comité como propaganda en sus páginas.

Observamos en este año, que lo referente a subvención de comparsas y paseos va, hasta cierto punto, reglamentándose. Como no se obtienen incrementos sustanciales del presupuesto tanto del Municipio, como del Gobierno Central, así como tampoco aumentan en forma demasiado sensible las recaudaciones del Comité, los recursos con que cuenta para organizar el carnaval son limitados y esto obliga a hacer inversiones con carácter selectivo en detrimento de los grupos menos favorecidos. Así, en el presupuesto de este año, sólo se contempla subvencionar a once de los paseos y comparsas de más antigüedad y peso, excluyéndose de las posibilidades de subvención municipal a grupos nuevos o de poco peso. Si tenemos en cuenta además que la cuantía de las subvenciones, de la Cia. Bacardí a comparsas y paseos se hace por lo general, tomando como base las subvenciones otorgadas por el Municipio, tendremos que los grupos favorecidos con estas subvenciones vienen a constituir, de hecho, una pre-selección de los grupos con posibilidades de obtener premios, pues el costo de organización de paseos y comparsas se ha ido elevando, necesitando los mismos, sobre todos en su fase inicial organizativa, contar con recursos amplios de los que carecen los que no logran obtener las subvenciones elevadas.

De mantenerse esta tendencia, el carnaval correría el riesgo de anquilosarse, pues quedaría un pequeño número de grupos pre fijado de antemano entre los que estarían siempre los primeros lugares, desapareciendo la emulación y la competencia en prejuicio de la calidad.

Esta razón es la que obliga al Comité a gestionar constantemente el aumento de las asignaciones que le permita superar estas limitaciones financieras, con lo que aumenta su prestigio como organizador del carnaval.

Como vemos, en realidad no se han producido variaciones sustanciales en el marco económico del carnaval entre este año y el anterior, manteniéndose la estructura establecida con muy ligeros cambios que no afectan de modo significativo el desarrollo del carnaval. Si acaso se observa un incremento en la comercialización del mismo.

En el año de 1950 el Comité queda integrado en la siguiente forma:

"Presidente: *Luis Casero Guillén.- Presidente del Comité Local de Turismo.*

Vice-Presidente: *Aurelio Raffo Gutiérrez.-Presidente de la Asociación de Viajantes de Oriente.*

Secretario: *Alfredo Guerra Aguiar.-Distribuidor General.*

Vice-Secretario: *Pablo Fajardo Jané.- Presidente del Club de Leones.*

Tesorero: *Emiliano Montes Rosell.- Agencias de Publicidad.*

Vice-Tesorero: *Eligio Valdés Cruz.- Contador Público*

Vocales: *Cristóbal Vives Morgades.- Alcalde Municipal p.s.l.*
Daniel Bacardí Rosell.- Industriales.

Dr. Luis A. Mestre Espinosa.-Presidente de la Cámara de Comercio.

Dr. Prudencio Caveda Colomé.-Presidente del Club Rotario.

Dr. Carlos Pera Conesa.- Presidente Acción Ciudadana.

José M. Badrena.- Asociación de Comerciantes e Industriales.

Antonio Píriz Luis.-Presidente de la Unión de Detallistas e Industriales.

Carlos Nicot Benítez.-Decano del Colegio
Provincial de Periodistas de Oriente
Dr. Rafael Palencia Pastor.- Por el Ayuntamiento.

Director de Festejos
Y Propaganda   *Alberto García Torres.-Presidente del Círculo*
Provincial de Periodistas". 38

Como vemos lo preside el Sr. Luis Casero Guillén, como desde su fundación, pero en este año con carácter de Presidente del Comité Local de Turismo, mientras que quien está fungiendo provisionalmente como Alcalde, el señor Cristóbal Vives Morgades es solamente primer vocal. Además de ellos se encuentran los Dres. Pablo Fajardo Jané -que aunque aparece como representante por el Club de Leones es a la vez el secretario del Ayuntamiento- y Rafael Palencia Pastor representante del Ayuntamiento, siendo de esta forma más que evidente el respaldo oficial con que cuenta el Comité.

Otro detalle interesante es la aparición como vocal del señor Daniel Bacardí Rosell, como representante industrial sustituyendo al Sr. José M. Bosch Lamarque quien ocupa en ese momento el cargo de Ministro de Hacienda en el Gobierno del Carlos Prío Socarrás. *39*

Nótese que el número de vocales ha aumentado con el objeto de dar mayor representatividad al Comité.

Sin embargo, entre las llamadas Asociaciones Cívicas no se incluye a ningún representante de las Asociaciones de color.

Esto provoca protestas como ésta, dirigidas al Presidente de la Cámara Municipal de Santiago de Cuba y que dice como sigue:

"Sr. Presidente de la Cámara Municipal y Demás consejales.(sic)

Ciudad.

Distinguidos compatriotas:

Se acaba de constituir el Comité de la Gran Semana Santiaguera. En ese Comité no se le da representación a la raza de color, por medio de nuestras sociedades. La raza de color de Santiago de Cuba, no debe permitir que se le discrimine. Debemos de celebrar una Asamblea en el Teatro "Martí", el domingo 2 de abril, para protestar públicamente.

Como soy un negro cívico, cooperativista y colectivista, me dirijo al Presidente de la Cámara Municipal, para que éste someta a la consideración de los Consejales (sic) y tomen medidas contra la discriminación llevada a la práctica contra la raza de los Maceo y Moncada.

El 75% del Ejército Libertador fueron cubanos de color. Corresponde al Consejo Territorial de Veteranos de Oriente, reunir urgentemente su Directiva y tomar el acuerdo de protesta contra el Comité de la Semana Santiaguera." 40

Evidentemente estos factores afectaban el prestigio del Comité, pero, este año no se toma ninguna medida de carácter oficial por parte del mismo para subsanar esta situación. El comité se limita a proclamar su carácter abierto y a negar estas imputaciones de racismo. *41*

Aunque como vemos, el Comité queda constituido desde el mes de marzo, el Certamen de elección de la Reina y sus Damas de Honor, no comienza a efectuarse oficialmente, como en el año pasado, hasta el mes de abril. El tiempo intermedio entre ambas fechas es utilizado para las tareas organizativas iniciales, tales como establecer los contratos con las compañías que participarán en el mismo, enviar las cartas solicitando cooperación a distintas industrias y empresas, y cubrir los trámites legales de inscripción y organización.

Organizativamente el certamen sufre variaciones fundamentales este año, la primera de ellas, es que ya las candidatas no tienen que ser necesariamente empleadas de alguna industria, comercio u oficina, al no establecerse así explícitamente en las bases, con el fin de aumentar el número de candidatas y consecuentemente la competencia entre ellas para conseguir votos lo que indirectamente se traduce en un mayor estímulo a la venta de los productos implicados en el certamen; la otra, es que éste deja de ser de carácter local para convertirse en provincial en lo que se refiere a la recaudación de votos, persiguiendo el mismo objetivo que en el caso anterior. *42*

Igualmente el valor en votos de las etiquetas de los productos Bacardí se duplica en este año, teniendo como objeto interesar en forma más amplia a las candidatas en su adquisición como forma de complementar los cambios anteriormente señalados.

En este año participan en el Concurso, además de los productos Bacardí, los refrescos Irombeer, el café El Molino, el Vinagre Finés, Agua Mineral y Ginger Ale San Rafael –de la embotelladora Quinabeer S.A.- y los productos Gravi.

Siguiendo la norma establecida el año anterior, se fija un mínimo de participación para las empresas concursantes tratando de elevar en todos los casos este mínimo. Tomemos por ejemplo la participación de los Laboratorios Gravi S.A. cuyos acuerdos son como sigue:

"1.- Haciendo un esfuerzo fuera de Presupuesto, estamos de acuerdo en garantizar un mínimo de $ 250.00 al Concurso.

2.- En cuanto al porcentaje sobre las envolturas de nuestros productos sólo es posible llegar al 2 ½ %, pues no deben olvidar ustedes que nuestros productos son de marcas populares y de mucha venta como el Jabón Rina, que aumentará automáticamente el volumen de los ingresos de ustedes.

3.-Se valorará por un voto cada centavo de venta al público de todos los productos Gravi, es decir, que la Pasta Gravi de $0.45, valdrá 45 votos y así sucesivamente los demás productos.

4.- Se entiende que no se admitirán canjes de envolturas de los productos similares a los fabricados por Gravi, es decir, que ustedes nos conceden la exclusividad en estos productos." 43

Según los resultados finales del Concurso las envolturas de los productos Gravi canjeados tenían un valor al público de $ 6,801. 31 lo que al 2 ½ % habría significado para el Comité una recaudación de $ 170.03, pero al estar establecido un mínimo de participación, este porciento debió elevarse hasta el 3 para cubrir los $ 250.00 establecidos como mínimo. **44**

Con la Empresa Embotelladora Quinabeer S. A. el contrato establece tanto un mínimo como un máximo en la participación, posiblemente a solicitud de la propia empresa.

La carta que envía la misma se expresa en estos términos: *"En vista de sus indicaciones y para nuestra cooperación al éxito de la Semana Santiaguera, sea mayor, aceptamos su proposición, o sea, dar como mínimo $ 300.00 y como máximo $ 500.00, para el concurso que han organizado."* 45

La participación de las compañías embotelladoras Quinabeer e Irombeer no rompe con los principios establecidos por el Comité de la Gran Semana Santiaguera de exclusividad de participación de los productos, pues mientras que la Irombeer participa con sus refrescos, la Quinabeer lo hace con su Agua Mineral y su Ginger Ale.

Hay un incremento de la cooperación al Comité por parte de las Empresas que no participan en el concurso, pero que a cambio de su cooperación obtienen también una propaganda más o menos amplia durante el desarrollo del certamen.

Las contribuciones más importantes pueden ser bien en artículos para ser obsequiados a la Reina y sus Damas o bien en dinero para los gastos de organización del Comité o de los premios que el mismo otorga.

Los contribuyentes más significativos son:

Donativos en Artículos

Crusellas y Cía.	*Una lavadora eléctrica ($ 275.00}*
Sabatés S.A	*Idem.*
Laboratorios Gravi S.A	*Un radio ($ 75.00)*
Giralt S.A	*Idem.*
Cía. General Electric	*Un refrigerador.*
Independent Electric Company	*Un refrigerador.*
Mora Díaz y Cía. S.A	*Un refrigerador.*
Casa San Román	*Una cámara fotográfica y seis rollos*
Cía. Cubana "Toda Onda"	*Una plancha eléctrica.*

Donativos en Metálico

Esso Standard Oil	*$500.00*
Revista Bohemia	*500.00*
Ctel. Gral. "Cap. Emilio Alvarez"	*200.00*
Trinidad y Hno	*100.00*

Cámara de Representantes	100.00
Cigarros Regalías El Cuño	100.00
Circuito C.M.Q	100.00
El Encanto...	75.00
Presidencia del Senado	50.00
Editorial Carteles	50.00
Helados Guarina	50.00
Ferretería Enrique Costa	25.00
Adolfo Kates e Hijos	25.00
Cámara de Comercio China	25.00
Cigarros Eva	20.00

Total $ 1, 920.00   46

Se incorpora a los premios de las candidatas, cantidades de dinero entregadas por las empresas participantes a aquellas que mayor número de etiquetas recauden de sus respectivos productos para de esta forma interesarlas más directamente en la adquisición de los mismos. Tanto la Compañía Bacardí S.A. como la Embotelladora Irombeer ofrecen premios de $ 100,00 a este efecto –la Irombeer inicialmente había ofrecido sólo $50.00--De este modo se crea competencia entre las propias empresas participantes en el Concurso aún cuando sus productos sean de diferente naturaleza. 47

En años posteriores todas las empresas participantes en el Concurso ofrecerán premios de esta naturaleza.

El Certamen establece una fuerte competencia entre las distintas candidatas utilizándose cualquier recurso para obtener la elección. Sobre estos aspectos informaba el señor Alberto García Torres en los siguientes términos:

> *"Sobre las candidatas muchas vinieron al certamen con fines lucrativos, vendiendo bonos, organizando fiestas, bailables, verbenas, vendiendo etiquetas a otras candidatas, sin que adquieran bonos del Comité, ni depositaran los votos de etiquetas y comerciales, apoderándose de todo el dinero que recaudaban.*
>
> *Otras candidatas se dedicaron a la labor de monopolizar el mercado de las etiquetas en toda la provincia, comprando*

todas cuantas le presentaban, llegando hasta pagar tres pesos
y tres cincuenta por el millar de votos y después dado el
número de personas que se dedicaban a este negocio se llegó
a pagar el millar de votos hasta cuarenta y cincuenta centavos.

(...) tuve el inconveniente de una maquiavélica combinación
de dos candidatas que resultaron Damas, por rencillas o
envidias que quisieron obstruccionar el Certamen y desairar
a la que resultó electa Reina, Srta. Amparo Guernica, pues de
todos modos y contra toda contingencia la que resultó ser
primera Dama (...) deseaba ser la Reina, pero ante el empuje
de la enorme cantidad de votos de la Srta. Guernica, se vio
derrotada de antemano, llegándoseme a proponer tanto por
ella, como por su padre y otras personas autorizadas(...)
la cantidad de dos mil pesos, para que yo por medio de
combinaciones sucias, la sacara de Reina, oponiéndome a ello
rotundamente." 48

Resultado de la situación anterior es que dos de las Damas renuncian a sus derechos como forma de sabotear la elección de la reina de este año, viéndose obligado el Comité a aplicar el artículo referente a que si una de las Damas se negara a asistir a los festejos o renunciara sin causa justificada se considerara eliminada y su lugar pasara a ocupar la candidata que le siga en orden de votación. *49*

Producto de esta situación una de las nuevas Damas que resulta elegida es una muchacha de la raza "de color", elemento que el Comité utilizará para contraponerlo a las acusaciones de racismo que se le hacen. *50*

Otro elemento ocurrido es un robo importante de etiquetas de Cerveza Hatuey en la propia fábrica, posiblemente con el objeto de ser vendidas a las candidatas, lo que provoca que se tengan que tomar medidas especiales tanto en la fábrica como por el Comité para evitar que el fraude se lleve adelante o se repita. *51*

El carnaval continúa sufriendo transformaciones producto del incremento de la participación de las diferentes empresas con fines comerciales y propagandísticos lo que hará que vayan absorbiendo sectores cada vez más amplios de los mismos e incluso creando elementos que no existían anteriormente. Tal es el caso de la participación de la compañia Ron Bacardí, ya en un marco fuera del Comité, estableciendo premios no ya sólo para comparsas, paseos, máscaras a pie y disfraces de niños, sino también a conjuntos musicales, vidrieras, canciones, kioscos, etc., y subvencionando comparsas y paseos, confeccionando dos carrozas –al igual que la Cerveza Polar en este año—que reparten cervezas al público y además establecen por primera vez los premios a las calles adornadas.

El apoyo que recibe el Comité a nivel nacional es mucho más amplio que en los años anteriores, participando en el carnaval Bandas de Música del Ejército, la Policía y la Marina y carrozas tanto de instituciones oficiales como las de las Fuerzas Armadas, la Policía y la Corporación Nacional de Turismo, como de empresas industriales tales como Crusellas y Cía., Sabatés S.A., Cerveza Cristal, Cerveza Polar, Productos Royal, Flor de Tibes (Café Pilón), etc., las cuales mantendrán en años posteriores su participación regular en el carnaval santiaguero.

El gran número de elementos nuevos que se incorporan así como el hecho de habérsele dado una base provincial al concurso de elección de la Reina, convierten al carnaval santiaguero en un punto de atracción comercial y propagandística y un campo de lucha para las empresas que en una forma u otra pueden verse afectadas positiva o negativamente por las campañas que organiza el Comité de la Gran Semana Santiaguera, teniendo esto las consecuencias previsibles para el carnaval, o sea, el incremento de la interferencia de los intereses de las empresas en su desarrollo, restándole la poca espontaneidad que ha ido quedando de los años anteriores.

Por estas características este año constituye una pauta para el desarrollo de carnavales posteriores.

En 1951, la constitución del Comité en su directiva no sufre sino ligeras variaciones quedando de la siguiente forma:

"Presidente	*Sr. Luis Casero Guillén.-Alcalde Municipal.*
Vice –Presidente	*Sr. Aurelio Raffo Gutiérrez.-Presidente Asociación de Viajantes de Oriente.*
Secretario	*Sr.Alfredo Guevara Aguiar.- Distribuidor General.*
Vice-Secretario	*Dr. Pablo Fajardo Jané.-Comité Local de turismo.*
Tesorero Contador	*Sr. Eligio Valdés Cruz.-Contador*
Vice Tesorero Contador	*Sr. Emiliano Montes Rosell. Agencias de Publicidad*
Vocales	*Sr. José M. Bosch Lamarque. Industrial Sr. Felipe Fernández Castillo.-Presidente del Ayuntamiento.*

Sr.Daniel Bacardí Rosell.-Presidente Cámara de Comercio.-
Sr. Gerardo Abascal Berenguer.-Presidente del Club Rotario.
Dr. José Ruíz Velazco.-Presidente del Club de Leones.
Dr. Carlos Pera Conesa.-Presidente Acción Ciudadana.
Sr. José M. Bou Badrena.-Asociación de Comerciantes.
Sr. Antonio Píriz Luis.- Presidente de la Unión de Detallistas
Dr. Miguel A. Ibarra Tellez.-Concejal del Ayuntamiento.
Sr. Carlos Nicot Benítez.-Decano del Colegio Provincial de Periodistas de Oriente.
Sr. Francisco Hung Alsui.- Presidente Cámara de Comercio China.
Sr. Alfredo Puig Bernet, Industrial.
Sr. Juan Viñas Alonso.-Industrias Cigarreras.

Director de Festejos Y Propaganda

Sr. Alberto García Torres.-Presidente del Círculo Provincial de Periodistas." 52

Como vemos el Sr. Luis Casero se mantiene como Presidente, en su condición de Alcalde Municipal, aunque se encuentra disfrutando de licencia por haber sido nombrado Ministro de Obras Públicas del Gobierno de Carlos Prío.

El Sr. José M. Bosch Lamarque aparece nuevamente ahora como primer vocal y el Sr. Daniel Bacardí se mantiene en la misma condición.

Por otra parte, el número de vocales aumenta con relación al año anterior para darle mayor representatividad al Comité. Con este mismo objeto, en junio del año en cuestión, se incluye a los Dres. Aníbal Machirán Ortíz Director del Instituto Comercial América y José G. Castellanos y González, Secretario de la Federación de Sociedades Cubanas de Oriente en representación de estas últimas, que reúnen a todas las sociedades de color de la provincia con lo que eliminan los motivos de protesta del año anterior. *53*

Las empresas participantes en el concurso son las mismas del año anterior incorporándose sólo como nuevo participante los Productos Royal. Las bases sobre las cuales se establecen contratos con los mismos, siguen iguales normas que en los dos años anteriores, definiendo un mínimo de participación para cada caso en particular que se mantiene inalterable para los antiguos participantes y es de $ 300.00 para los Productos Royal.*54*

Las participaciones totales son de la siguiente forma:

Cía. Ron Bacardí S.A............................ *$ 7.000.00*

Refrescos Irombeer *1,061.64*

Laboratorios Gravi S.A *393.08*

Agua Mineral y Ginger Ale *361.85*

Postres Royal *300.00*

Café El Molino *251.01*

Total   *$ 9, 367.59*

55

Esta participación se hace en base a las siguientes ventas de productos:

Café El Molino

5,374 cartuchos de 2 libras a 2 centavos......................... *$ 107.48*

5,605 cartuchos de 1 libra a 1 centavo............................ *$ 56.05*

1,653 cartuchos de ½ libra a ½ centavo............................ *$ 8.26*

29,222 cartuchos de 5 centavos a 1/10 cent.................... *29.32*

Votos entregados a las candidatas en los escrutinios:.. *50.00*

Total   *$ 251.11*

Ginger Ale y Agua Mineral San Rafael

434,223 tapitas a doce tapitas por un centavo .... *$ 361.85*

Postres Royal

Mínimo de participación .... *$ 300.00*

Refrescos Irombeer

1'273,923 tapitas a doce centavos por un centavo $1,061.64

Productos Gravi

Productos por valor de $ 15,723.20 a 2 y ½ % $ 393.08

_56_

A primera vista es de notar el incremento en ventas que han tenido las empresas participantes este año al crearse una base provincial para el concurso y que su participación económica en el Comité se ve cómodamente compensada por estos incrementos.

Dos nuevas empresas además de la Bacardí y la Irombeer se incorporan a la entrega de premios especiales en efectivo a las candidatas que mayor número de votos obtengan con sus productos. Los premios son los siguientes:

Premio Bacardí-Hatuey............................ **_$ 100.00_**
Premio Irombeer .... **_$ 100.00_**
Premio San Rafael .... **_$ 50.00_**
Premio Café El Molino .... **_$ 25.00_** **_57_**

El Comité realiza grandes esfuerzos por incrementar la venta de sus propios votos como vía de recaudación de fondos, para lo cual se establece en algunos escrutinios, por ejemplo, por el Café El Molino, dar 10,000 votos comprados al Comité a la candidata que mayor número de votos haya obtenido por sus productos en el escrutinio en cuestión y la Cía. Ron Bacardí S.A. y la Cerveza Hatuey rifan cantidades de hasta150.000 de estos votos entre las candidatas. También se procede por el Comité a organizar un baile en los Jardines de la Cervecería Hatuey emitiendo talonarios de entradas por valor de $1.00 cada una que se entregan para su venta a las diversas candidatas, obteniendo las mismas, por la venta de cada entrada, una cantidad de 2,000 votos, además de un premio especial de 25,000 votos a la que mayor número de entradas venda. Las recaudaciones del baile son utilizadas también como fondos del Comité, **_58_**

Los donativos otorgados al Comité por industrias, comercios y sociedades son los siguientes:

Donativos en Artículos

Cía. Sabatés S.A............................. *Una lavadora*

Crusellas y Cía .... *Una lavadora.*

Laboratorios Gravi .... *Un radio y 17 estuches de sus productos.*

Fin de siglo .... *Tiara para la Reina y trajes para ella y las damas.*

Casa San Román .... *Una cámara fotográfica y tres rollos.*

Caribean Photo Company.............. *Una cámara fotográfica y dos rollos.*

Lámparas Quesada........................ *Una lámpara*

Donativos en Metálico

Colonia Española...	$ 200.00
Ferrocarriles Consolidados	$ 100.00
El Encanto..	$ 75.00
Esso Standard Oil	$ 500.00
Bohemia..	$ 300.00
Adolfo Kates e Hijos	$ 25.00
Cámara de Comercio China	$ 25.00
Ferretería Enrique Costa	$ 25.00
Embotelladora La Soriana	$ 25.00
Total...............	$ 1,275.00 59

El Certamen de elección de la Reina tiene este año también carácter provincial, pero ya no sólo en lo que se refiere a la recaudación de votos sino en que cada Término Municipal puede presentar dos o más candidatas a Reina del Carnaval santiaguero. Esto no responde al deseo de acallar las críticas al Comité por organizar un supuesto carnaval provincial, pero contando sólo con candidatas santiagueras, sino también a tratar de lograr una base mucho más amplia para el concurso en lo referente al mínimo de candidatas y el apoyo que éstas puedan recibir en sus respectivas localidades, con lo que se espera aumentar el índice de ventas de los productos patrocinadores del concurso y especialmente de los productos Bacardí-Hatuey.

Para subsanar algunas dificultades que se presentaron con las candidatas en el concurso anterior se establece de nuevo que éstas deben reunir entre otras condiciones el haber trabajado durante un año consecutivo en algún centro privado o público o ser alguna graduada de centros de Segunda Enseñanza que las presenten como sus candidatas. **60** El objetivo que se persigue es que las candidatas dispongan de un mínimo de respaldo en un sector determinado que garanticen su rentabilidad en participación pues otra de las cosas que se establecen es que las candidatas que en dos escrutinios consecutivos no depositaren certificados votos en proporción equitativa a los ya presentados quedará eliminada del certamen**61** para tratar de restringir los casos de una participación confines de mero lucro personal que no contribuyen a los intereses del Comité de incrementar la recaudación de etiquetas o tapitas de los productos patrocinadores.

Otro elemento nuevo es que*: "todas aquellas candidatas que en número de dos o más hayan luchado en los distintos Términos Municipales de la Provincia y no hayan clasificado como Reina o Damas de Honor, de ellas la que mayor votación hubiera obtenido participará en los festejos de la 'Gran Semana Santiaguera' como INVITADA DE HONOR."***62** Con esto se consigue mantener participando con entusiasmo a un mayor número de candidatas hasta el final del concurso y por tanto recaudando votos pues aún las que no puedan ser elegidas tendrán siempre la posibilidad de participar en los carnavales y obtener ventajas, aunque mínimas, de éste.

Nuevamente se produce un incremento en el valor en votos de los productos Bacardí que además pueden ser recaudados en toda la provincia en lo que se refiere a la Cerveza Hatuey y en todo el país sin limitaciones de ningún tipo para todas las clases de rones.

A otras de las empresas como la Irombeer y los Productos Quinabeer se les concede también aumentar su valor en votos, los valores quedan como sigue:

Productos Bacardí-Hatuey

Añejo	*1 etiqueta*	*100 votos*
1873	*1 etiqueta*	*100 votos*
Carta Oro	*1 etiqueta*	*75 votos*
Carta Blanca	*1 etiqueta*	*75 votos*
Elixir	*1 etiqueta*	*75 votos*

Anís	*1 etiqueta*	*75 votos*
Palmita	*1 etiqueta*	*20 votos*
Refino	*1 etiqueta*	*20 votos*
Cerveza Hatuey	*1 etiqueta*	*5 votos*

Refresco Irombeer

Cada tapita dos votos

Agua Mineral y Ginger Ale San Rafael

Cada tapita dos votos.

Productos Gravi

Un voto por cada centavo del precio al público de sus productos.

Productos Royal

Diez votos por cada paquete, tapa o envoltura de todos sus productos. 63

El concurso sigue realizándose en las fechas comprendidas entre mediados de abril y mediados de julio, del 14 al 14 respectivamente.

Como el Comité tiene un carácter local y el concurso ha adquirido carácter provincial en su organización se recurre a la utilización de los agentes de la Cía. Bacardí S.A. en los distintos Términos Municipales en calidad, prácticamente, de los delegados del Comité, encargados de promover la realización del concurso en sus respectivas localidades, aunque no financiándolo, pues esto resultaría negativo para los intereses económicos de la compañía.**64**

Las instrucciones que sobre el particular se les envía a los diferentes agentes están contenidas en la presente circular:

"Muy estimado Señor:

El Comité de la Gran Semana Santiaguera —como usted conoce—fue creado a iniciativa de nuestro Presidente Sr.

José M. Bosch Lamarque, para organizar los festejos de los Carnavales de Santiago de Cuba. Parte de dicho Comité se reunió anoche con nosotros, para tomar varios acuerdos antes de formalizar el Comité organizador de dichos Carnavales.

Entre las peticiones que formularon, se incluyó la intervención de todos nuestros agentes y vendedores para que cooperen con el Comité de la Gran Semana Santiaguera en el sentido de presentar una candidata o más correspondiente a la zona de cada uno de ustedes, para que compitan con las que presenten otros sectores de la industria, el comercio, el magisterio y las oficinas públicas y privadas de esta ciudad.

Por lo tanto, mucho apreciaríamos que usted, que está tan relacionado en el territorio a su cargo, que haga gestiones encaminadas a conseguir una o más candidatas que, aparte de poseer la belleza requerida para estas justas, también posean moralidad intachable, cultura, y estén prestando sus servicios durante un período no menor de dos años en cualquier sector de actividades, sea en el comercio, en la industria, el magisterio, en las oficinas públicas y privadas. Debemos advertirle que no se aceptará ninguna candidata que sea presentada por un Club o Sociedad, solamente las que presenten el comercio, la industria, magisterio, oficinas públicas y privadas, según detallamos anteriormente. Estas condiciones son las requeridas por el Comité de la Gran Semana Santiaguera.

Debemos puntualizar que nuestra compañía no financiará ni ayudará en ninguna forma a las candidatas que se presenten; de igual forma ustedes no podrán patrocinar la campaña de ninguna candidata de su territorio, sino que las mismas desenvolverán sus actividades con los medios que posean, sus relaciones, amistades o cualquier forma en que puedan levantar sus propios fondos de propaganda.

Como es natural, la triunfadora recibirá un premio consistente en un automóvil último modelo, más el gran número de obsequios que por lo regular hacen la industria y el comercio.

53

Las que resulten damas de honor también recibirán valiosos regalos.

Tanto la Reina del Carnaval como sus damas de Honor, podrán ir a La Habana durante los carnavales que se celebran anualmente en esa ciudad con todos los gastos por cuenta de la Corporación Nacional de Turismo. Trataremos por todos los medios que cada Municipio esté representado por una Dama de Honor.

Esta misma petición la estamos haciendo a los demás agentes de HATUEY y vendedores de la Provincia de Oriente.

El Concurso comenzará a partir del día 1ro. de Mayo, siendo su término de duración hasta mediados del mes de Julio; por consiguiente, dispondrá de dos meses y medio para la lucha.

En ese período de tiempo las candidatas podrán hacer su mayor esfuerzo para conseguir etiquetas, tapitas, etc., de las industrias que formarán parte del Comité de la Gran Semana Santiaguera.

Esperamos sus comentarios en relación a la posibilidad de que esta idea pueda llevarse a efecto." 65

Estas instrucciones serán completadas posteriormente durante el desarrollo del concurso, solicitando de los agentes que promuevan el mayor número posible de candidatas en cada una de sus localidades, como forma de garantizar que haya competencia entre las mismas, pues de lo contrario, no se lograrían los objetivos planteados. 66

Este nuevo tipo de organización ocasiona un incremento en los gastos del Comité durante el desarrollo del concurso. Estos gastos, que en 1950 habían sido de $ 1, 856.94, **67** ascienden este año a $ 2, 210.41 **68** esto sin contar los gastos de fletes por el envío de paquetes de votos desde el interior de la provincia que no son pagados por el Comité. Estos gastos, como vemos relativamente cuantiosos, no incluyen ninguno de los premios, regalos, subvenciones, festejos, etc., que realiza el Comité sino solamente a las labores organizativas referentes al concurso de elección de la Reina. Tampoco se incluyen gastos de propaganda del Comité en estos meses.

La participación de la propaganda comercial en la organización del Carnaval propiamente dicho, este año se mantiene sobre los elementos previamente incorporados, adornos de calles, kioscos, bandas de música, carrozas comerciales, carrozas de instituciones nacionales, etc., aunque tomando un amplio incremento que se traduce en un mayor volumen y colorido del carnaval aunque cada vez más influenciado por la propaganda comercial que constituye la base financiera de la casi totalidad de estos elementos.

El carácter comercial marcadísimo que ha tomado el carnaval se hace evidente al crearse este año una Asociación de Directores de Comparsas y Paseos con el objeto de defender sus intereses a través de la reclamación de subvenciones más amplias de acuerdo con las necesidades competitivas y comerciales del nuevo carnaval. Esta Asociación dirige la siguiente carta al Alcalde Municipal:

"Sr. Alcalde Municipal. Sres. Concejales Sr. Director de Festejos Municipales.

SEÑORES:

La Asociación de Directores de Paseos y Comparsas, recientemente creada a (sic.) tomado el acuerdo unánime de dar a conocer a ustedes en cumplimiento de lo dispuesto en su reglamento en el artículo 75 Capítulo 11 de sus disposiciones generales los siguientes puntos relacionados con la organización de nuestros Paseos y Comparsas.

1ro. Que los Paseos denominados por esta asociación como Grandes persiva (sic.) una subvención del Municipio no menos de $ 300.00 admitiendo el Municipio o en su defecto el Director de Festejos Municipales la clasificación hecha por la asociación. Que así mismo las comparsas denominadas por esta asociación como grandes persivan (sic.) como subvención para su organización la cantidad de $ 300.00, admitiéndose en igual forma los Sres. Concejales o en su defecto el Director de Festejos Municipales la clasificación hecha por la asociación.

2do. Que conforme a lo dispuesto en el citado artículo y en su inciso E, daremos los nombres de los Directores de Paseos y Comparsas considerados por esta asociación como principales por su antigüedad y cumplimiento con el Municipio en el desempeño de su labor. Este extremo no priva a los miembros de esta asociación que deseen presentar solicitudes como organizadores de paseos y comparsas por su cuenta y riesgo, ni limita al Municipio ni al Director de Festejos de prestar ayuda a quienes lo deseen.

3ro. Que el montante de los premios debe hacerse de acuerdo con la distribución discutida entre la asociación y el Director de Festejos o en su defecto con quien corresponda.

4to. Que para obviar la labor del Director de Festejos o en su defecto la del Municipio la asociación está en condiciones de nombrar de su seno los miembros que fueren pedidos para este fin. Así mismo estamos adjuntando relaciones debidamente detalladas para tales fines, especificando cada uno de los pormenores antes expresados.

5to. Que cada uno de estos puntos y que fuere motivo de discusión, la asociación está en disposición de realizarlas cuando los Sres. Concejales o en su defecto el Director de Festejos lo estimare por conveniente.

Dado en Santiago de Cuba a los nueve días del mes de junio de mil novecientos cincuenta y uno." 69

Sobre el particular informaba el Director de Festejos del Municipio lo siguiente al entonces Alcalde Municipal Sr. Luis Casero:

"(...) le informo que se ha organizado una Asociación de Directores de Comparsas y Paseos, la que ha presentado a la Alcaldía Municipal y a este Director de Festejos un Pliego de Demandas, muchas de las cuales encuentro bastante razonables, pues como las Fiestas de Máscaras de esta ciudad, han degenerado también en propagandas industriales, comerciales, y el alto costo de una organización de una comparsa o paseo, no es como antes – pues también existe un sindicato de músicos que exige onerosos contratos y ellos solicitan por lo menos a siete comparsas y paseos

de los denominados tradicionales se les den no menos de $
300.00 como subvención municipal y también solicitaron de la
Compañía Ron Bacardí y de los cigarros "Eden" el aumento
de la asignación para esa clase de propaganda, con ello le
quiero decir, que en la actualidad y lo vengo sosteniendo hace
años el crédito de cinco mil pesos no alcanza para nada, pues
usted muy bien sabe que en ciertas ocasiones las fiestas le
han costado a la Alcaldía más de $ 7,000.00 en la parte que se
refiere al Municipio específicamente(...) 70

La crítica situación financiera que experimentan los carnavales este año producto del aumento en los gastos de organización y de premios y subvenciones se solucionan parcialmente al incrementarse la asignación oficial de los mismos. Aunque el Municipio aporta este año sólo cinco mil pesos y la Corporación Nacional de Turismo sólo ofrece $ 250.00, el Gobierno Central asigna un crédito de $ 10,000.00, o sea, el doble de lo que tradicionalmente dedica a este objeto. *71*

Estos, aproximadamente, $ 15,000.00, unidos al incremento en las recaudaciones del Comité de la Gran Semana Santiaguera, es lo que permite hacer frente este año a los gastos crecientes del carnaval, pero de hecho comienza a hacerse evidente la necesidad de que el incremento se mantenga constante pues de lo contrario se corre el riesgo de que el carnaval no pueda seguir desarrollándose, al ritmo que lo ha hecho, en los próximos años, con el consiguiente perjuicio para las empresas directamente interesadas en el mismo.

Esta será la situación a enfrentar en años posteriores recurriéndose a distintos expedientes para solucionarla.

El Comité queda constituido en el año de 1952 de la siguiente forma:

Presidente: **Sr. Aurelio Raffo Gutiérrez.- Presidente de la Asociación de Viajantes de Oriente.**

Vice-Presidente: **Sr. Daniel Bacardí Rosell.- Presidente Cámara de Comercio.**

Secretario: **Sr. Alfredo Guerra Aguiar.- Distribuidor General.**

Vice-Secretario: **Sr. Pablo Fajardo Jané.-Comité Local de Turismo.**

Tesorero: **Sr. Emiliano Montes Rosell.-Agencias de Publicidad.**

Vice-Tesorero Contador: **Sr. Eligio Valdés Cruz.-Contador**

Vocales:

Sr. José M. Bosch Lamarque. Industrial: Dr.
Prisciliano Espinosa Pérez.-Presidente del Club
Rotario.
:Dr. Ricardo L. Herrera Téllez.-Presidente Club de
Leones.
:Dr. Carlos Pera Conesa.-Presidente de Acción
Ciudadana.
:Sr. José M. Bou Badrena.- Asociación de
Comerciantes.:
:Sr. Antonio Píriz Luis.- Presidente de la Unión de
Detallistas e Industriales.
:Sr. Carlos Nicot Benítez.- Decano del Colegio
Provincial de Periodistas de Oriente.
:Sr. Alfredo Puig Bernet.- Industrial.
:Dr. Aníbal Machirán Ortíz.-Federación de
Sociedades Cubanas
:Sr. Francisco Hung Alzui.-Presidente Cámara de
Comercio China.
:Sr. Pedro Vázquez Rodríguez.-Presidente de la
Colonia Española.
:Sr. Juan Viñas Alonso.- Indusdtrias Cigarreras.

Director de Festejos
y Propaganda:

Sr. Alberto García Torres.- Presidente del Círculo
Provincial de Periodistas. 72

El cambio más importante es la desaparición del Sr. Luis Casero Guillén como Presidente del Comité, cargo que había ocupado desde la fundación de éste. Las razones de este cambio son de orden político, pues Casero ha dejado de ser Alcalde de la Ciudad por disposición del nuevo gobierno producto del golpe de Estado del 10 de Marzo.

Otros cambios de los miembros que integran el Comité son un simple producto del movimiento que provoca el primero.

No se observan por tanto variaciones sustanciales con relación al año anterior, pues el único miembro nuevo efectivo que aparece es el Sr. Pedro Vázquez Rodríguez, Presidente de la Colonia Española, quien sustituye al Sr. Miguel A. Ibarra Téllez el cual estaba como concejal del Ayuntamiento. Los demás cambios ocurridos responden a cambios en las Directivas de algunas de las instituciones representadas en el Comité.

Las industrias participantes en el concurso tienen una participación monetaria en los gastos del Comité bastante similar a la del año anterior. No se produce ninguna nueva incorporación industrial y por lo tanto los incrementos del fondo disponible para el Carnaval no provienen este año de esta fuente.

Por ejemplo, el aporte que recibe oficialmente el Comité de la Cía. Bacardí S.A. es de $ 6,483.75 **73** Los Laboratorios Gravi S.A. aportan $ 388.87 **74** que son pagados al igual que años anteriores tomando como base el 2 ½% del precio de los productos cuyas etiquetas son canjeadas en el Comité. Para la empresa esto significó ventas por valor de $ 15, 553.94.

Los Productos Royal aportan como el año anterior la cantidad de $ 300.00.

Los refrescos Irombeer disminuyen incluso su aportación en efectivo a sólo $ 800.00.

Los productos Quinabeer reducen igualmente su participación a $ 300.00.

Y el Café El Molino incluyendo su participación en premios especiales sólo aporta $ 250.00.

Hay por tanto una disminución efectiva en las recaudaciones del Comité por ésta vía de $ 644.97 con relación al año anterior.

Aumentan sin embargo los premios especiales que conceden las empresas a las candidatas que mayor cantidad de votos obtengan con sus productos que son este año de $100.00 de la Irombeer, $ 100.00 de la Cerveza Hatuey, $100.00 de los rones Bacardí, $ 50.00 de la Quinabeer y $25.00 del Café Turquino y El Molino, además de diez mil votos semanales. Los productos Gravi, por su parte, regalan un televisor valorado en $ 517.00 y los Postres Royal un radio.

La costumbre de rifar votos por parte de las empresas participantes a las candidatas en los escrutinios se mantiene, siendo una vía de recaudación más para el Comité, así como el baile que organiza vendiendo entradas y dando, a cambio de ello, votos a las candidatas en el mismo número que la vez pasada.

Los donativos, tanto en artículos como en metálico, al Comité, por las empresas participantes o no del concurso, son relativamente altos, aunque dos de los tradicionales contribuyentes – las compañías Sabatés y Crusellas-, por acuerdo mutuo, han decidido no cooperar con sus tradicionales regalos. Su participación se limita al obsequio de sus productos durante los escrutinios y la participación de sus carrozas en los carnavales.

La relación de contribuciones es la siguiente:

Donativos en Artículos

Laboratorios Gravi.........................	*Un radio*
Productos Royal............................	*Un radio*
Caribbean Photo	*Una cámara fotográfica y dos rollos.*
Casa San Román	*Una cámara fotográfica.*
Independent Electric of Cuba	*Un televisor*
Humara y Lastra	*Un tocadiscos y un estuche de discos.*
General Electric	*Una lavadora.*
Oriente Electric S.A	*Un televisor.*
Lámparas Quesada	*Una lámpara.*

Donativos en Metálico

Esso Standard Oil	*$ 400.00*
Colonia Española	*200.00*
Ferrocarriles Consolidados	*100.00*
Francisco Tabernilla Dolz	*100.00*
El Encanto..	*75.00*
Cuban Telephone Company	*50.00*
Helados Guarina	*50.00*
Refrescos La Soriana	*40.00*
Cámara de Comercio China	*25.00*
Enrique Costa	*25.00*
Cigarros Eva	*25.00 75*

$ 1,090.00

Las restantes vías de entrada que siguen existiendo son los bonos emitidos por el Comité para ser vendidos por él directamente y los llamados Bonos del Comercio.

Las variaciones en las bases del certamen son igualmente insignificantes, como por ejemplo, situar un mínimo de edad –entre los 16 y 25 años- para las candidatas. También en la Comisión de Admisión de

Candidatas se incluye al Dr. Aníbal Machirán Ortíz, representante de las sociedades de Color en el Comité, para evitar que éste pueda ser tachado de racista en su política de admisión de candidatas. Algunos cambios se producen también en el valor de los productos patrocinadores del concurso. En el caso de los productos Bacardí sólo se altera el valor en votos de las etiquetas de la Cerveza Hatuey que aumentan su valor de 5 a 10 votos. Los Refrescos Irombeer, el Agua Mineral y Ginger Ale San Rafael aumentan igualmente de 2 a 5 votos. Los Productos Gravi, sin embargo, sufren una disminución de la mitad, teniendo ahora un valor en votos equivalente a la mitad de su precio en público.*76*

Las fechas entre las cuales se realiza el concurso tampoco se alteran.

Siguen existiendo irregularidades en la competencia entre las diferentes candidatas por recaudar votos, hablándose de nuevo de robo de etiquetas en la fábrica Bacardí, acaparamiento de votos por revendedores, etc.

No debemos olvidar que en este año se ha producido el golpe de estado del 10 de Marzo y la instauración de la dictadura batistiana, con el profundo rechazo que el nuevo régimen ha provocado en la población santiaguera. En una maniobra demagógica el Gobierno tratará de ganar simpatías en la población incrementando el aporte oficial a los carnavales de Santiago de Cuba. Este aporte va desde los tradicionales $ 250.00 y una copa - para la mejor carroza no comercial – donado por la Corporación de Turismo, hasta un incremento del presupuesto del Gobierno Central que este año alcanza la suma de $ 17,950.00, lo que permite, a pesar de que el Municipio no aumenta su presupuesto, hacer frente a las necesidades financieras de la organización del Carnaval, ya sea en subvenciones, premios o concursos. *77*

El carácter marcadamente demagógico de esta participación oficial lo vemos en el donativo de una Copa Trofeo, con su nombre, por el Jefe de la Policía Nacional Salas Cañizares *78* y el regalo de la gargantilla a la Reina del Carnaval por el Alcalde de La Habana Panchín Batista. *79*

Para manejar los fondos de este crédito del Gobierno Central, se constituye una nueva entidad que, junto con el Municipio y el Comité de La Gran Semana Santiaguera, participa a partir de este año en el financiamiento del carnaval hasta 1956, dándole de hecho una nueva tónica a los mismos, pues, la interferencia de la política en ellos se hace evidente a partir de este momento. *80*

La falta de escrúpulos del recién inaugurado Gobierno de Batista queda expuesta en el hecho de que el crédito otorgado ha sido tomado del presupuesto del Ministerio de Educación, a pesar del estado desastroso en que se encuentra la enseñanza en nuestro país en esos momentos.

Estos fondos, como se ha hecho en los años anteriores, a pesar de estar aparentemente manejados por un Comité independiente pasan a engrosar el fondo común para el funcionamiento del carnaval santiaguero.

Este año se caracteriza por una gran estabilidad, en lo que al Comité se refiere, con relación al año anterior, pareciendo que va a estabilizarse ya la situación sin intentar incluir nuevos factores. Sin embargo, el incremento de la participación oficial, de hecho crea una nueva tónica que no debe de desestimarse a partir de este momento.

En el año 1953, el panorama se presenta desde un inicio mucho más complejo, ya que, el monopolio virtual que había tenido en años anteriores el Comité de la Gran Semana Santiaguera en la celebración de un concurso para la elección de una Reina del Carnaval, que es el centro de toda actividad pre carnavalesca, se ve este año discutido al organizarse otros dos concursos, con las mismas características, por empresas competidoras de las participantes en el Comité. Uno de estos concursos tiene como cabeza visible a la estación de radio CMKC y tiene por objetivo elegir a la llamada Reina Campesina, patrocinado entre otros por la cervecería Polar. *81*

El segundo concurso presenta como organizador a la Revista Oriental de Cuba. Su actitud con el organizado por el Comité de la Gran Semana Santiaguera se deja ver a través de la siguiente circular:

Muy distinguido señor:

Con motivo de haber sido organizado por esta revista un formidable Concurso Provincial, tendiente a elegir 22 Reinas, una por cada Término Municipal y procediéndose a sortear entre ellas la que será proclamada EMPERATRIZ ORIENTAL DE CUBA, aprovechamos estas líneas para hacer un cordial llamamiento a esa prestigiosa sociedad, a fin de que se sirva designar una o varias aspirantes entre los miembros de la misma.

Valiosos y atractivos regalos -entre los que se destacan una magnífica residencia para la Emperatriz, un automóvil Chevrolet 1953 que será sorteado entre las restantes Reinas, así como televisores, aparatos de radio, becas de estudio, trajes de gala, cheques comerciales de $ 100.00, centenares de obsequios, además de viajes a La Habana con todos los gastos pagos donde se pondrá de manifiesto la belleza *incomparable de la mujer oriental- serán distribuidos como aporte de las distintas firmas patrocinadoras.*

Aspiramos a vernos honrados con la designación de una o más de sus bellas asociadas para figurar como candidatas a este sugestivo evento que tendrá su inicio el 1ro. de Febrero próximo y que resultará de gran trascendencia social para esa institución, para su querido Término Municipal y nuestra gloriosa región oriental. 82

La competencia que se establece entre estos tres concursos, patrocinados cada uno por empresas competidoras – en el caso anterior además de la Cerveza Polar y otros productos se encuentran los refrescos Irombeer que han abandonado el Comité de la Gran Semana Santiaguera- se deja ver en la presión ejercida por parte del Comité de la Gran Semana Santiaguera, a los agentes de Bacardí en los términos municipales para tratar de atraer hacia el concurso de éste a las candidatas que ya están participando en los otros dos. *83*

En cuanto al Comité de la Gran Semana Santiaguera queda constituido este año de la siguiente forma:

Presidente	:*Sr. Aurelio Raffo Gutiérrez.- Presidente Asociación de Viajantes de Oriente.*
Vice-Presidente	: *Sr. Daniel Bacardí Rosell.-Presidente Cámara de Comercio.*
Secretario	: *Dr. Pablo Fajardo Jané.-Profesionales.*
Vice-Secretario	: *Sr. José M. Bou Badrena.-Asociación de Comerciantes.*
Tesorero	: *Sr, Emiliano Montes Rosell.-Agencias de Publicidad.*
Vice-Tesorero	
Contador	: *Sr. Eligio Valdés Cruz.- Contador.*
Vocales	:*Sr. José M. Bosch Lamarque.-Industriales.*
	Sr. Juan Ibarra Martínez.-Presidente Club Rotario.
	Sr. José Reguera Martínez.- Presidente del Club de Leones.
	Dr. Miguel A. Ibarra Téllez.- Presidente Acción Ciudadana.

Dr. Emilio Giró Crespo.-Presidente Comité Local de Turismo.
Sr. José Argamasilla Grimany.- Propagandas Comerciales.
Sr. Antonio Píriz Luis.- Presidente Unión de Detallistas e Industriales.
Sr. Carlos Nicot Benítez.-Decano del Colegio Provincial de Periodistas de Oriente.
Sr. Alfredo Puig Bernet.- Industrial
Dr. Aníbal Machirán Ortíz.- Federación de Sociedades Cubanas.
Sr. Faustino Suárez Cuervo.- Presidente de la Colonia Española.
Sr. Antonio Alvarez Vázquez.- Asociación Nacional de Almacenistas de Café.
Sr. Francisco Hung Alsui,-Presidente Cámara de Comercio China.
Sr. Juan Viñas Alonso. Industria Cigarrera.
Director de Festejos
Y Propaganda   :Sr. Alberto García Torres.-Presidente del Círculo Provincial de Periodistas de Oriente. 84

Dos nuevas instituciones aparecen representadas en el Comité, el Sr. José Argamasilla Grimany por Propagandas Comerciales y el Sr. Antonio Alvarez Vázquez por la Asociación Nacional de Almacenistas de Café.

Como ya señalamos en este año una de las empresas participantes en años anteriores, los refrescos Irombeer, participan en un concurso competidor y se retiran del Comité. Su lugar lo va a ocupar con sus productos la Embotelladora Quinabeer S.A., que en este año, además de participar, como tradicionalmente lo ha hecho, con el Agua Mineral y Ginger Ale San Rafael, lo hace ahora con sus refrescos.

Como es natural continúan también participando la Cerveza Hatuey y los Productos Bacardí. También se mantiene el café El Molino y Turquino – ambos de la misma firma comercial- y los Productos Royal. Incrementan su participación los Laboratorios Gravi S.A.

Se incorporan este año al concurso los productos Del Monte y las galletas "Ñico Blazquez".

La participación respectiva de cada una de estas empresas es como sigue:

Cía. Ron Bacardí S.A.............................	$ 8, 888.70	(85
Refrescos Quinabeer	900.00	
Agua Mineral y Ginger Ale San Rafael	350.00	
Alvarez y Cía, (Molino y Turquino)	250.00	
Laboratorios Gravi S.A	672.89	
Productos Del Monte	400.00	
Galletas "Ñico Blazquez"	300.00	
Postres Royal	300.00	
		86
Total	$ 12,061.59	

El tremendo incremento de las ventas que año tras año van obteniendo las distintas empresas participantes en el Certamen se puede notar en el hecho de que, este año, los Laboratorios Gravi S.A., en base a los productos que han sido canjeados por votos del Comité ha realizado ventas por $ 26, 845.89, o sea, $ 11,291.95 más que en el año anterior. **87**

Las empresas competidoras de estos productos tomarán diferentes medidas para enfrentar la competencia que este concurso representa, ya sea, como vimos en otra parte, organizando otros similares o, como en el caso de los Productos Jell-O, rebajando el precio de sus productos a dos paquetes por $0.25 en el mismo período de tiempo para toda la provincia de Oriente. **88**

Persiguiendo el fin de aumentar la propaganda y las ventas de los productos implicados en el Concurso, este año, los escrutinios comienzan a realizarse desde el día primero de abril o sea, con una quincena de antelación en relación con años anteriores. **89**

Siguen manteniéndose, como vías de entrada del Comité, la recaudación por concepto de ventas de votos, tanto directamente de las candidatas y simpatizantes, como a las empresas que participan en el concurso, para obsequiarles o rifarles entre las candidatas. También la venta de entradas al baile organizado por el Comité junto con las ventas de Bonos a los comercios, a razón de 10 por un centavo, para ser obsequiados a los clientes.

El Comité recibe igualmente, como es tradicional ya en todos estos años, numerosos obsequios, tanto de artículos como de dinero, por parte de numerosas industrias, comercios, instituciones o particulares.

Se repite igualmente la entrega de premios especiales por parte de las empresas que participan en el certamen de elección de la Reina a las candidatas que mayor número de votos han obtenido en base a sus productos. Los premios son los siguientes:

Cerveza Hatuey.. *$ 100.00*

Ron Bacardí... *$ 100.00*

Refrescos Quinabeer..................................... *$ 100.00*

Productos Gravi.. *Una cocina de gas.*

Agua Mineral y Ginger Ale San Rafael....... *50.00*

Café Turquino.. *25.00*

Postres Royal.. *Un televisor*   *90*

Todo hace ver que la comercialización del carnaval tiende, año tras año, a hacerse más patente por la incorporación de nuevas industrias a la participación competitiva en los mismos, tratando constantemente de sobrepujarse las unas a las otras, sin importar las consecuencias que esto pueda acarrear para el carnaval santiaguero en sus manifestaciones folklóricas y, por tanto, en nuestras tradiciones, siendo de hecho la afectación de estos de una magnitud tan fuerte, que lo transforman casi completamente.

En lo referente a la participación oficial este año además de los $5,000.00 del presupuesto del Municipio, el Gobierno Central aumenta su asignación a $ 20,000.00 a través del Ministerio de Hacienda. Este crédito es manejado y distribuido por el mismo Comité de Festejos del Carnaval constituido el año anterior. La corporación Nacional de Turismo asigna para los carnavales $ 300.00 y la Copa. Francisco Batista dona la corona de la Reina del Carnaval.

Toda esta amplia participación, tanto de las empresas privadas como de las instituciones oficiales, hace suponer que este año, a pesar del régimen dictatorial implantado el 10 de Marzo de 1952, Santiago de Cuba va a celebrar unos carnavales verdaderamente fastuosos, y que obtendrán tanto los fines lucrativos de las primeras, como el adormecimiento político del pueblo perseguido por el segundo. Los primeros disparos en la madrugada del 26 de Julio, día de Santa Ana, hacen desvanecer totalmente esta doble ilusión.

El impacto provocado por el asalto al Cuartel Moncada en la población de Santiago de Cuba, hace temer que los carnavales de 1954, vayan a sufrir una profunda decadencia con relación a años anteriores, con los consiguientes perjuicios para el Gobierno y para las empresas industriales y comerciales interesados en el mismo, lo que obliga a que tanto unos como otros pongan en tensión todos sus recursos para evitar que tal cosa ocurra.

Este año se repite la situación de existir otros concursos además del organizado por el Comité de la gran Semana Santiaguera. Uno de estos concursos, titulado "Buscando la Reina Oriental del Carnaval Santiaguero", se constituye, entre otros, por productos competidores de la Cerveza Hatuey y la compañía Ron Bacardí S.A. **91** Alrededor del mismo se producen una serie de fenómenos de carácter comercial sumamente interesantes, por ejemplo, en él participan también los productos Quinabeer, que lo hacen igualmente en el Comité de la Gran Semana Santiaguera, y los productos Sabatés S.A. –a pesar de no haber participado en años anteriores en el Comité de la Gran Semana Santiaguera por existir contrato escrito entre la Cía. Sabatés S.A. y Crusellas y Cía. en el sentido de no participar en este tipo de concurso, **92** se incorpora al mismo aparentemente violando este acuerdo y sin previo aviso a Crusellas y Cía.-Basándose en esta situación el Comité de la Gran Semana Santiaguera dirige invitaciones a ambas empresas para que se incorporen a su concurso aunque no son aceptadas las mismas por razones que desconocemos.

El que otras empresas se lancen a la organización de concursos de este tipo que, como ya hemos visto, tienen un alto costo, indica la efectividad propagandística y comercial que los mismos poseen.

En cuanto al Comité de la Gran Semana Santiaguera sigue teniendo la ventaja del respaldo oficial que se hace patente en la siguiente Resolución del Alcalde Municipal de Santiago de Cuba que en su primer por cuanto expresa:

> *Próximo a celebrarse los tradicionales Carnavales en esta Ciudad, que para su mejor organización existe la Institución denominada "Comité de la Gran Semana Santiaguera" que, conjuntamente con el Director de Festejos y Propaganda de este Término Municipal son los encargados de los Festejos de esos días; se hace necesario que dicha institución disponga de los medios económicos que le permita sufragar los gastos que han de ocasionar los mismos. 93*

Con esto, se oficializa la situación que de hecho viene existiendo de varios años a la fecha y, por tanto, no es nada sorpresivo que en los Resuelvo de esta Resolución se exprese lo siguiente:

> *PRIMERO: Disponer que se hagan los oportunos libramientos u órdenes de pago a favor del Comité de la Gran Semana*

Santiaguera, los que serán firmados por su Presidente señor Aurelio Raffo Gutiérrez y refrendados por el Director de Festejos, por total importe de los créditos consignados en el Presupuesto Ordinario de este Municipio para las atenciones y que figuran en el Capítulo 20, Artículo 20, Créditos 4, 5 y 6 respectivamente.

SEGUNDO: Disponer por el Comité de la Gran Semana Santiaguera representado por su Presidente, conjuntamente con el Director de Festejos, se rinda cuenta detallada por triplicado, de los gastos ocasionados a la terminación de los festejos de las fiestas de los carnavales de este Municipio, para ser unidas a los libramientos, como constancia. 94

Como en años anteriores, en la integración del Comité sólo varían no las instituciones representadas en el mismo sino sus representantes que han sido electos en las mismas y sólo se incorpora una nueva representación por la Empresa de televisión, cuyo representante es este año el señor Oscar Mestre Mascaró. *95* Los restantes elementos de las Bases del Certamen se mantienen prácticamente inalterables.

Se producen cambios sin embargo en cuanto a las empresas participantes del Concurso pues, por ejemplo, los Productos Royal se retiran del mismo, por decisión propia (**96**) y su lugar lo ocupan los postres Jell-O. Se incorporan como nuevos participantes el Alimento Kresto, los productos Kirby y los panqués La Palmera.

Las contribuciones respectivas de estas empresas al Comité son las siguientes:

Cía. Ron Bacardí S.A	*$ 8, 681. 39* (97)
Productos Del Monte	*1, 200. 00*
Productos Kirby, Kresto y Jell-O	*700.00*
Refrescos Quinabeer	*900. 00*
Agua Mineral y Ginger Ale S. Rafael	*350. 00*
Café Turquino..	*250. 00*
Productos Gravi S.A	*250. 00*
Panqués La Palmera	*100. 00 98*

Total	*$ 12,431.39*

En cuanto a los donativos recibidos por el Comité este año son los siguientes:

Donativos en Metálico

Esso Standard Oil..	*$ 400.00*
Bohemia	*275.00*
Colonia Española	*200.00*
Trinidad y Hno	*100.00*
Ferrocarriles Consolidados	*100.00*
Marta Fernández de Batista	*100.00*
El Encanto	*75.00*
Enrique Costa	*25.00*
Cámara de Comercio China	*25.00*
Adolfo Kates e Hijos	*25.00*
Cigarros Eva	*25.00*
La Soriana	*20.00*
Total.................	*$ 1, 370.00*

Donativos en Artículos

Oriente Electric..................	*Un televisor.*
Joaquín Barroso	*Un radio.*
Casa San Román	*Una cámara fotográfica y 6 medias docenas de brassiers Super from.*
Crusellas y Cía	*Una lavadora eléctrica.*
General Electric	*Un refrigerador.*
Lámparas Quesada	*Una lámpara.*
Ten Cents	*Una vajilla*
Productos Myrurgia	*Estuche para la Reina y sus Damas.*
Omnibus Consolidados	*Un viaje a La Habana. 99*

Además de estos se entregan como premios especiales de las empresas patrocinadoras del Certamen diversos premios tanto en metálico como en artículos a las candidatas que mayor número de votos obtengan de sus respectivos productos, estos premios son:

Cerveza Hatuey.....................................	*$ 100.00*
Rones Bacardí	*100.00*
Refrescos Quinabeer	*100.00*
Productos Del Monte	*100.00*
Agua Mineral y Ginger Ale S. Rafael...	*50.00*
Café Turquino y Molino	*25.00 y 10,000 votos semanales*
ProductosGravi	*Una cocina de gas.*
Alimentos Kresto	*Un televisor.*
Jell-O	*Un refrigerador.*
Kirby	*Una cocina eléctrica.* *100*

Debe considerarse también los obsequios o rifas de votos del Comité que constituyen una vía de entrada regular pues las distintas empresas concursantes se comprometen a rifar o donar votos por una cantidad estipulada de antemano.

Las entradas del Comité por concepto de ventas de votos a los comerciantes es de $ 289.00 *101*

La participación oficial en el carnaval se mantiene más o menos estable ofreciendo el Gobierno Central nuevamente un crédito de $ 20,000.00 y el Municipio un presupuesto de $5,000.00. La Corporación Nacional de Turismo aporta este año $ 350.00 y una carroza. *102*

Esta profusión de recursos financieros permite que este año se organice un carnaval de grandes proporciones en base al otorgamiento de crecidas subvenciones y numerosísimos premios para paseos y comparsas así como premios también numerosos de kioscos, calles adornadas, disfraces a pie y de niños, carrozas, etc.

Como vemos se ha establecido ya un patrón para el desarrollo de los carnavales que responde a los marcos impuestos por sus financiadores que lo configuran de acuerdo con sus intereses particulares estableciendo un nuevo carácter para lo "tradicional" que va pasando a ser no ya heredado de nuestra especial configuración cultural sino lo impuesto por intereses económicos.

Un gesto especial de rebeldía es dado este año por el paseo "La Placita" que se abstiene de participar en el Carnaval en señal de duelo por los acontecimientos del asalto al Moncada el año anterior.

Aunque la resistencia a la dictadura se ha ido acentuando en la ciudad de Santiago de Cuba todavía no se hace visible en gran escala en los carnavales de este año, hecho que utiliza la tiranía para dar una falsa impresión de normalidad en la ciudad.

Al llegar el año 1955, la Semana Santiaguera, podemos decir que ha establecido una tradición a la que han terminado por adaptarse tanto las autoridades, las empresas industriales y comerciales como el público. El fenómeno publicitario de la celebración de concursos en el marco del Carnaval no es ya propiedad exclusiva, como hemos visto desde hace algunos años, del Comité de la Gran Semana Santiaguera, siendo este año particularmente pródigo en el número de concursos celebrados, cada uno de ellos, patrocinado por diversas empresas rivales y envolviendo prácticamente todos los medios de propaganda de la ciudad, desde el simple afiche hasta la prensa y la radio.

A tal extremo ha llegado la situación que se posibilita la publicación por parte de la Agencia Publicitaria W.A.R. s.a. de una revista dedicada a tratar problemas publicitarios en los carnavales de este año.

Los concursos comerciales de diversa índole que se realizan son los siguientes:

Comité de la Gran Semana Santiaguera; Buscando los Reyes Infantiles; La Reina Popular de Oriente y Reinado Corimbo Club.

Al Comité de la Gran Semana Santiaguera, como hemos hecho tradicionalmente, lo trataremos como conclusión del año, basándonos en las razones de supremacía que le confieren incluso los concursos competidores.

Por ejemplo, en un artículo de la revista anteriormente mencionada se afirma:

Quién puede negar que la ciudad santiaguera cobra extraordinaria actualidad durante los meses de Mayo, Junio y Julio, con motivo de ese acontecimiento, ya de renombre universal, que son los Carnavales de Oriente, cuyo evento más importante está plenamente demostrado con creces que es la Gran Semana Santiaguera, semana, en el mero sentido de la palabra, ya que son meses los que comprenden las actividades inherentes a ese acto.

El desbordamiento de la alegría popular durante ese período es tal que hay semanas que con motivo de los distintos certámenes de belleza para elegir Reinas del Carnaval, se presentan en el Municipio hasta 300 solicitudes de permiso para la celebración de fiestas y verbenas en beneficio de las candidatas. 103

La supremacía del Comité de la Gran Semana Santiaguera se explica por dos factores: el primero de ellos, quizás el de mayor importancia, es el apoyo oficial que recibe; el otro, son los recursos publicitarios y financieros que es capaz de movilizar. En otro artículo de la citada revista titulado "La publicidad como medio directo de promoción de ventas", escrito por su administrador señor Guillermo Arrowsmith, se expresa lo siguiente:

> *En Santiago de Cuba, bajo la iniciativa entusiasta del Sr. Maximino Torres, se convocó a fiestas en la Gran Semana Santiaguera. De inmediato, movieron sus resortes las agencias de publicidad, y el comercio casi al unísono, se decidió a participar en alguno de los eventos carnavalescos en plan de ejecución. Por eso vemos a Bacardí apoyando la Semana Santiaguera conjuntamente con Royal y otros productos. Eso es promoción de ventas.*

> *Buscar el interés del público por consumir un producto, pero necesita el vehículo publicitario para poder llegar con facilidad al consumidor con el acicate del canje de etiquetas por votos y el entusiasmo colectivo de la ciudadanía por consumir una marca. 104*

Anteriormente se decía en el mismo artículo:

> *Pero no es menos cierto que desde hace unos meses, el público está demostrando enorme interés en todo lo que se refiere específicamente a lo que está de moda de conformidad con la época del año "Los Carnavales". Toda propaganda iniciada con miras a las tradicionales fiestas que celebra nuestra patria en diversas fechas del Estío, está teniendo la preferencia del público consumidor. 105*

Las bases teóricas y prácticas sobre las que se apoyan los nuevos concursos son las mismas con que se inauguró el Comité de la Gran Semana Santiaguera, lo único que ahora se han generalizado y todas las empresas se ven obligadas a aceptarlas so pena de quedar en una posición desventajosa en el marco de la competencia establecida, quedando esta posición claramente fijada en dicho artículo donde se señala refiriéndose al concurso "Buscando los Reyes Infantiles del Carnaval Santiaguero":

Hemos triunfado en todos los aspectos. En el comercial, porque todos y cada uno de los Industriales y Comerciantes que nos respaldan, han podido constatar la efectividad de la "PROMOCION DE VENTAS" de nuestro plan.

Se está vendiendo más Polar, Adams, Royal, Palmera y otros tantos productos que nos honran con su apoyo. También hemos firmado contratos a porcentaje de ventas con varios de nuestros patrocinadores; el resultado ha sido halagador, mejor aún que si hubiésemos percibido una asignación determinada por esa propaganda.

Estas teorías, demostradas con la efectividad de los números me dan la razón en mi acerto de que la "PROMOCION DE VENTAS", es el mejor éxito que una empresa publicitaria puede ofrecer a sus clientes.

Espero que nuestro comercio en Oriente, sepa responder a sus agencias publicitarias en el futuro. Aquí hemos tropezado con el inconveniente inicial de la resistencia a hacer propaganda, pero el convencimiento de que es necesario hacerlas, está llegando aún a los más recalcitrantes que combatieron estas nuevas ideas al principio. 106

Los patrocinadores para los respectivos concursos son los siguientes:

Concurso "Buscando los Reyes Infantiles del Carnaval Santiaguero".

Refrescos Irombeer	*Vaquería" Cadena Azul"*
Postres Royal	*Cerveza Polar*
Galletas Struch	*Chocolate Imperial*
Aceite Olivano	*Productos Adams*
Coñac Nobleza	*Panqués La Palmera*
Productos La Estrella	*Betunes El Perico*
Salsa de Tomate Barba	*Productos Pazos*
Yodotánico Lorenzo	*Productos Lorne*
Helados Guarina	*Revista Ecos*

Este concurso también utiliza la idea de vender Bonos del Comercio para su distribución a los clientes.

Concurso "La Reina Popular de los Carnavales de Oriente"

Cerveza Cristal

Malta Cristal

Cola

Lechería Hicacos.

Café "Tupi"

Refrescos Quinabeer y Super

Concurso "Semana Santiaguera"

Cerveza Hatuey

Refrescos Quinabeer y Super Cola

Malta Hatuey

Agua Mineral, Ginger Ale San Rafael

Rones Bacardí

Productos Del Monte

Postres Royal

Panqués La Palmera

Detergente Ace

Además de cupones del comercio y del Comité

Concurso "Reinado Corimbo Club"

Cerveza Cristal

Malta Cristal

Tropical 50

Rones Albuerne

Refrescos Quinabeer

Galleticas Gilda 107

Esto nos permite ver que aunque los concursos son numerosos lo que más diferencia a uno de los otros no es ni siquiera la totalidad de los productos que participan en los mismos pues muchos de ellos participan indistintamente en unos u otros, sino las empresas de rones y cervezas que están en cada uno de ellos y que son los principales beneficiarios y financiadores. Esta variedad a lo único que conduce es a acentuar la competencia entre empresas y la comercialización en los carnavales en los que ya este elemento es algo característico y todo su mecanismo está en función del mismo.

Esta situación obliga a que las empresas dediquen cada año un presupuesto mayor a las tareas de propaganda en el marco del carnaval, por ejemplo, la Cía. Ron Bacardí S.A. y la Cerveza Hatuey calculan sus gastos por este concepto en este año en unos $60,000.00 en los que no sólo está incluido el aporte al Comité de la Gran Semana Santiaguera que forma únicamente una parte del mismo, sino todos los premios, subvenciones, etc. que realiza la Cía. directamente. *108*

El Comité de la Gran Semana Santiaguera cuenta este año con un fondo total de $12,605.48 proveniente de las vías tradicionales que éste utiliza para recaudarlos, o sea, aportes de industrias, comercios e instituciones no ligados al concurso, ventas de Bonos al comercio y del Comité y el aporte de las industrias concursantes.*109*

En cuanto a las empresas participantes este año los productos Royal vuelven a ocupar su lugar en el concurso –retirándose por tanto los productos Jell-O- y se incorpora un nuevo participante, el detergente Ace de Sabatés S.A.

Esta nueva incorporación no se produce sin un conflicto previo con los Laboratorios Gravi S.A. que habían establecido como uno de los puntos de su contrato que el Comité no aceptara ningún detergente en el Concurso y, en base a esto, reclamaron sus derechos. *110*

El Comité toma este año una serie de medidas encaminadas a evitar el acaparamiento de votos por revendedores y otras maniobras con los mismos que se han producido en años anteriores. Para lo primero se procede a rebajar el precio de los votos del Comité a la mitad -$0.25 el millar- y para lo segundo se proponen medidas tales como mantener el cuidado en la fábrica de los productos Bacardí para evitar la sustracción de etiquetas por los empleados.

También se plantea que:

> *Otro de los problemas que se confrontaron en el pasado fue el que las candidatas del interior de la provincia en combinación con los Agentes adquirían grandes cantidades de etiquetas marcadas y no marcadas, de otros certámenes celebrados en distintos lugares de la provincia y que teníamos por necesidad que admitir. Entiendo que se debe comprometer al Agente que tengan (sic.) certámenes en sus respectivas áreas, el envío de etiquetas o símbolos de Bacardí-Hatuey, una vez realizado su escrutinio, a las oficinas de esta ciudad para ser destruidas y con ello evitar que sean canjeadas en el Comité de la Gran*

Semana Santiaguera y salirle al paso a los que lucran con este negocio, puesto que ha habido candidatas que han pagado hasta más de mil pesos por determinado número de etiquetas utilizadas en Certámenes efectuados fuera de la ciudad(...) se hace indispensable que por la Compañía se adopten severas medidas y entonces podrá conocerse con exactitud la promoción exacta de la fabricación de la cerveza en esta ciudad, que entiendo abarca toda la provincia de Oriente y parte de Camagüey. 111

A pesar de todas estas medidas el Carnaval se ve a punto de fracasar cuando el Gobierno Central no accede a proporcionar el crédito de $ 20,000.00 como en el año anterior, reduciéndolo a sólo $ 5,000.00, o sea el mismo nivel de los primeros años de constituido el Comité, pero que ahora resulta inadecuado de acuerdo con el auge en los gastos que se han producido en el Carnaval.*112*

Al conocerse esta noticia se produce una suspensión de los ensayos por parte de los Directores de Comparsas y Paseos que dependen para la organización de los mismos de la subvención que se les otorga todos los años.*113*

Ante esta situación el Municipio se ve presionado a aumentar su presupuesto de $ 5,000.00 para los Carnavales, recurriéndose a tomar la cantidad de $ 7,502.00 provenientes de otros capítulos.*114* Aunque, de todas formas, se cuenta este año con unos $ 8,000.00 menos, en lo que a cooperación oficial se refiere, este aporte complementario del Municipio sirvió para enfrentar los gastos más importantes así como la mayoría de los premios que tradicionalmente se otorgaban. Esta situación será un magnífico pretexto por lo demás para incrementar en el año próximo la participación y control de las empresas privadas sobre los carnavales de la ciudad.

En el año 1956 el Comité queda constituido de la siguiente manera:

Presidente   *:Sr. Aurelio Raffo Gutiérrez.- Presidente Asociación de Viajantes de Oriente.*

Vice-Presidente   *:Sr. Daniel Bacardí Rosell.-Presidente de la Cámara de Comercio.*

Secretario   *:Dr. Pablo Fajardo Jané.-Profesionales.*

Vice-Secretario   *:Sr. José M. Bou Badrena.-Asociación de Comerciantes*

Tesorero	:Sr. Emiliano Montes Rosell.- Agencias de Publicidad.
Vice-tesorero	
Contador	:Sr. Eligio Valdés Cruz. Contador.
Vocales	:Sr. José M. Bosch Lamarque.-Industrial.
	: Sr. José Argamasilla Grimany.-Propagandas.
	: Sr. Evaristo Pérez Merillo.-Presidente Club de Leones.
	: Dr. Miguel Ibarra Téllez.-Presidente "Acción Ciudadana
	: Sr. Rafael Genó Rizo.-Presidente Comité Local de Turismo.
	: Dr. Enrique Ortega Arza.-Presidente del Club Rotario.
	: Sr. Antonio Píriz Luis.-Presidente de la Unión de Detallistas.
	: Sr.Angel de la Tejera Bergues.-Decano del Colegio Provincial de Periodistas de Oriente.-
	: Sr. Alfredo Puig Bernet.-Industrial.
	: Dr. Francisco Pérez Acosta.-Federación de Sociedades Cubanas.
	: Sr. Balbino Rodríguez Franco.-Presidente de la Colonia Española.-
	: Sr.Antonio Vázquez.-Asociación Nacional de Almacenistas de Café.
	: Sr. Oscar Mestre Mascaró.-Empresa de Televisión.
	: Sr. Francisco Hung Alsui.-Presidente de la Cámara de Comercio China.
Director de Festejos Y Propaganda	:Sr. Alberto García Torres.- Presidente del Círculo Provincial de Periodistas de Oriente. 115

Es de observar que aunque la composición en cuanto a las Asociaciones representadas en el Comité varían relativamente poco, sin embargo, la composición de la Directiva en algunos cargos ya no es la misma que en otros años, subiendo a la misma representantes que anteriormente tenían la condición de vocales mientras que antiguos miembros de la Directiva pasan a dicha condición. Esto podría responder al nuevo carácter que este año tiene el concurso

Las empresas que participan del Concurso de Elección de la Reina y sus Damas de Honor son:

Cía. Ron Bacardí S.A..	**$ 10,140.00**
Productos Del Monte	**1,000.00**
Embotelladora Quinabeer	**1,150.00**
Galletas Majo	**325.00**
Alvarez y Cía	**300.00**
Panqués La Palmera	**250.00**
Laboratorios Gravi	**150.00**
Bizcochos El Rey	**100.00** 116
Total..............	**$ 13,415.00**

Si comparamos los ingresos del Comité de este año –el último de su funcionamiento- con el 1948, año de su fundación, vemos que no sólo ha aumentado el número de empresas participantes en el concurso, sino su aporte monetario al mismo – casi $5,000.00-, aunque la Cía. Ron Bacardí S.A. sigue manteniendo la franca supremacía que posee desde su inicio. Esta mayor participación tiene sus causas en el prestigio comercial que ha adquirido el Comité en estos años y la efectividad propagandística que las empresas han comprobado que posee este tipo de concurso. Con todo debemos señalar que se debe a las características que este año se imprime a la elección de la reina que no haya existido una mayor cooperación por parte de las industrias como los Laboratorios Gravi S.A. y que incluso se hayan retirado del Comité empresas que han participado en el año anterior como los productos Royal y Sabatés S.A.

Los donativos percibidos por el Comité de empresas y asociaciones son los siguientes:

Donativos en Metálico

Esso Standard Oil...	**$ 300.00**
Colonia Española	**200.00**
Publicitaria Siboney S.A	**150.00**
Ferrocarriles Consolidados	**100.00**
Cía. Cubana de Electricidad	**100.00**
El Encanto	**75.00**

Helados Guarina	*50.00*
Cuban Telephone Company	*50.00*
Sears	*35.00*
Adolfo Kates e Hijos	*25.00*
Cámara de ComercioChina	*25.00*
Enrique Costa	*25.00*
Kuo Ming Tang	*10.00*
Total.................	*$ 1, 130.00*

Donativos en Artículos

Crusellas y Cía.........................	*Una lavadora.*
General Electric	*Un televisor de mesa y otro tipo consola.*
Lámparas Quesada	*Una lámpara.*
Ten Cents	*Una mesa-barra.*
Casa San Román	*Una cámara fotográfica y su equipo.*
Ruta "80"	*Seis pasajes a La Habana.*
Gran Hotel (Santa Clara)	*Un fin de semana con todos los gastos pagos. 117*

La contribución en artículos es realmente inferior a la de años anteriores, viéndose incluso el Comité obligado a adquirir un televisor, un refrigerador y un radio de mesa para poder completar los obsequios a las Damas de Honor, además del automóvil que todos los años regala a la Reina.

Este año por las nuevas características del concurso no se venden bonos del Comité y por tanto no hay recaudación por este concepto. Las recaudaciones por concepto de ventas de bonos del comercio son de $ 436.00.

Esto significa que el Comité dispone a través de sus propias vías de entrada de $ 15,231.00 cantidad que en este año se equipara al aporte oficial a los Carnavales, aunque esto, no significa un cambio en cuanto a la situación de predominio del Comité en todo lo referido a organización del Carnaval que es ya característico de estos años.

El cambio en las Bases para la celebración del Concurso de elección de la Reina y sus Damas de Honor se debe a tres objetivos principales: el primero de ellos es lograr el predominio absoluto de los productos Bacardí sobre sus restantes competidores en la ciudad de Santiago de Cuba y sus alrededores; la segunda, la búsqueda de disminución de gastos organizativos del Certamen y tercero, el desplazamiento a un segundo plano de los concursos que puedan organizarse.

El aspecto principal de estos cambios es el retorno al carácter local del Concurso con lo que aparentemente hay retorno al punto de partida, sin embargo, se introduce un nuevo factor que no deja lugar a dudas sobre la nueva condición del mismo, al tener las etiquetas de los productos Bacardí, además de su valor en votos, un valor en efectivo como aliciente adicional para interesar a las candidatas fundamentalmente en la adquisición de las mismas con lo que resultan afectadas las restantes industrias patrocinadoras del Concurso. *118*

La situación llega a hacerse tan en extremo anormal, que se hace necesario recordarle a las candidatas que deben presentar votos de los demás productos y no sólo de la Cía.Bacardí.*119* Esta, para estos efectos, destina un crédito de $ 5,000.00 aparte de su aporte al Comité. *120*

El valor en efectivo que tendrían las etiquetas de los productos Bacardí es el siguiente:

Cerveza Hatuey, Morena Clara
Y Malta Hatuey ....*5 etiquetas por $0.01*
Ron Palmas y Refino ....*5 etiquetas por $0.01*
Etiquetas de los Rones Superiores
Añejo, 1873, Carta Blanca y Oro..1 etiqueta por $0.01 121

Si tenemos en cuenta que del presupuesto asignado se gastan $ 5, 300.00 nos damos cuenta de lo que significó en ventas para la Cía. Bacardí el presente Concurso. *122*

Una diferencia más con relación al año 1948 es que el concurso se inicia – al igual que en el año 1955- el día primero de marzo, o sea dos meses antes que en aquel año y termina en la misma fecha con lo que se obtiene un incremento mucho mayor de la propaganda y las ventas. Aunque de esto se aprovechan indistintamente todas las industrias concursantes por los motivos que señalábamos, es la Bacardí quien resulta fundamentalmente beneficiada.

En cuanto a los efectos de la forma especial que imprime el Comité sobre los carnavales, estos han llegado a su grado máximo, pero mientras que en los primeros años esto provoca fuerte resistencia por parte de algunos sectores de la población, ya en este año la aceptación que tiene parece ser completa pues incluso encontramos cartas dirigidas al Sr. Alberto García Torres de la siguiente tónica:

Distinguido conciudadano:

Los años de dedicación a las arduas labores de la organización de los ya tradicionales Carnavales Santiagueros, que ha tenido usted, nunca han tenido mayor recompensa espiritual para esa archingrata tarea de organizador y periodista, que la obtenida en este año por la enorme trascendencia y significación que ha alcanzado la nueva organización, tanto de los carnavales en sí como en particular el certamen para elegir la Reina del Carnaval de la Gran Semana Santiaguera, en el que han participado sin discriminación alguna, todas las clases sociales de la ciudad, cumpliéndose así, un viejo y sentido anhelo de la ciudadanía. Es por ello que el Club Aponte, no quiere en esta ocasión desperdiciar la oportunidad que se le ofrece de poder testimoniar a usted, a quien no regateamos frases para elogiar su meritoria labor al frente del Comité de la Gran Semana Santiaguera del que sabemos es usted el alma y brazo ejecutor, no obstante contar con la colaboración eficiente de los demás componentes del mismo.

Nuestra felicitación a usted es sincera y espontánea, ya que no la guía otro propósito que el hacer pública declaración del reconocimiento a que está obligada la clase social que representamos por el trato justiciero y equitativo recibido por las jóvenes que participaron del certamen. Veríamos con gusto diese usted a la publicidad la presente, para que el pueblo sepa, cómo sabemos agradecer a aquellos que como usted, saben actuar bien, sin distingos de ninguna clase e inspirados solamente en la unión espiritual y solidaria de la gran familia santiaguera.

Sin otro particular, quedamos fraternalmente de Ud. S.S.

Alcibiades Castillo
Presidente

Pedro Antonio Romeo Moliner
Secretario de Correspondencia
123

Han quedado plenamente establecidos como elementos propios del carnaval santiaguero, fenómenos tales como el adorno de calles, los kioscos de bebidas, la Cabalgata Nocturna, actos de coronación, etc. incorporados al carnaval en los años que hemos estudiado y que han pasado a ser elementos permanentes de él, con toda su secuela de comercialización y deformación de nuestras tradiciones, si bien, han contribuido a darle mayor magnitud y colorido sin que ambos factores se excluyan.

Por razones que desconocemos, pero que suponemos respondan a la explosiva situación política en el país, el Gobierno Central asigna este año nuevamente, sólo la cantidad de $ 5,000.00 como crédito para los carnavales de Santiago de Cuba, lo que provoca también nuevamente que el Municipio aumente su asignación para los mismos de $ 5, 000.00 a $ 10, 000.00, aun cuando disminuye con relación al año anterior. *124*

Este es propiamente el último carnaval celebrado en Santiago de Cuba antes del triunfo de la Revolución, pues el organizado al año siguiente por la dictadura, ya sin la participación del Comité de la Gran Semana Santiaguera, es desde todo punto de vista una verdadera farsa con fines netamente políticos y constituye un rotundo fracaso para sus promotores.

Por otro lado, al triunfar la Revolución en 1959, comienzan a producirse cambios en el carnaval destinados a hacerles perder su fisonomía comercial por lo que un estudio de los mismos deberá partir de presupuestos diferentes a los que hemos manejado en este período.

CAPÍTULO III

FOLKLORE Y ECONOMIA

La presencia de la comercialización va a afectar profundamente en este período todos los aspectos tradicionales del carnaval santiaguero, produciéndose de hecho un cambio dentro de lo que sería el folklore carnavalesco. Esto es válido tanto para las formas que adquieren las festividades como para sus componentes tales como: paseos, comparsas, adornos de calles, kioscos, vestuarios típicos, etc.

La competencia propagandística entre las grandes empresas industriales y comerciales se va a dejar sentir ampliamente en toda la vida del carnaval.

Así tenemos que las comparsas y paseos, con el fin de competir por los primeros lugares, necesitarán amplios recursos económicos que sólo pueden ofrecerles no ya los tradicionales "padrinos" y "madrinas" sino estas grandes empresas que, a cambio de su financiamiento, obtienen que los pendones y alegorías de estos grupos sean un medio de propaganda para sus productos, incorporando como elemento típico generalizado del Carnaval, a partir de este período los vistosos pendones anunciadores de industrias o casas comerciales.

Un ejemplo de esto es el premio ofrecido por la Revista Bohemia de $ 100.00, $ 50.00 y $ 25.00 para los tres mejores pendones respectivamente de las diferentes comparsas que mejor pendón anunciador llevara de la misma. *1*

Igualmente la subvención que las comparsas y paseos reciben de las empresas está en relación directa con su capacidad de impacto en el público y consecuentemente su mayor peso propagandístico. Así vemos que la compañía Ron Bacardí S.A. en el año de 1953 otorga subvenciones por doscientos cincuenta pesos a grandes grupos como "La Reminiscencia" de R. Aguirre, "Ritmo de Tambó" de A. Bravo, "La Alegre Kimona" de F. García, "Así se Llama" de M. Cobas, "Embajadores del Nuevo Ritmo" de J.

Esparraguera, "Los Gitanos Húngaros" (La Placita) de J. Martínez, mientras que un grupo tradicional como "La Carabalí" de P. Villalón recibe sólo treinta pesos. **2**

A la vez las empresas entran en competencia por obtener el concurso propagandístico de estas grandes comparsas y paseos. Así mientras en los años 1953,1955 y 1956 el Paseo "La Placita" recibe una subvención de la Compañía Ron Bacardí S.A. de $ 250.00 cada año, en 1959 ésta recibe $ 850.00 como subvención por parte de la Cervecería La Tropical S.A. fabricante de la cerveza Cristal, o sea, $100.00 más que lo que le ha otorgado Bacardí en los tres años anteriores afectando de ésta forma a la propaganda de su principal rival pues el paseo no puede llevar simultáneamente propaganda de las dos empresas competidoras. **3**

Las subvenciones siempre son otorgadas con este criterio excluyente por parte de las grandes empresas competidoras.

A pesar de que los directores de estos paseos y comparsas no actúan, por lo general, con vistas a la obtención de beneficios económicos personales y tratan de mantener la calidad artística de sus grupos, en esta situación, de hecho, se ven obligados a actuar dentro del marco establecido y funcionar como empresarios, tanto en lo referente a la organización con fines competitivos y, por tanto, sometiéndose a las necesidades de las funciones propagandísticas, como en cuanto a la obtención de medios de subvención. De aquí que el éxito de un director de comparsa o paseo dependa en gran medida no sólo de su capacidad artística y organizativa sino de sus posibilidades para obtener relaciones sociales que les permitan establecer vínculos con los distintos dueños de comercios locales, con los representantes de los distintos grandes comercios e industrias nacionales, etc. Influye en el mismo sentido el nivel económico promedio del barrio al que pertenezca y el nivel cultural de los integrantes de la directiva. Esto resulta válido igualmente para los integrantes individuales de los paseos y comparsas.**4** Por ejemplo, en el caso de un cartero que trabaja en un barrio de nivel económico alto, existe una posibilidad de recaudación mayor entre sus "padrinos" y "madrinas" –que para ellos son la vía principal de recaudación- que para otro que sea, por ejemplo, obrero del Puerto ya que sus relaciones sociales son notablemente diferentes. El lucimiento de los vestuarios y demás accesorios ornamentales estarán, como es natural, en relación directa con las respectivas posibilidades económicas. El resultado de éste se presentará en la desaparición o paso a segundo plano de grupos tradicionales incapaces de resistir adecuadamente la competencia. Un caso típico son las comparsas Carabalí, que desaparecen o pasan a un segundo plano, como en el caso de la "Izuama", mientras que durante estos años los paseos "La Placita" y "La Kimona" florecen y llegan a la cumbre porque son los que mejor se adaptan al nuevo estado de las cosas.

El monto de los premios va evolucionando sensiblemente también en estos años, pasando de un pequeño premio y un Diploma de Honor durante el período precedente –a excepción hecha de los ya mencionados Carnavales de 1937 y 1938- a subvenciones de trescientos pesos y premios de quinientos pesos, a partir de 1948. Estos jugosos premios, como es natural, provocan una feroz competencia por su obtención, ya que lo mismo podían servir para su reparto inmediato, como para garantizar la organización de la comparsa o paseo en el año siguiente. Además, como ya dijimos, la obtención de un primer premio le daba al grupo un prestigio que se traducía en mayores subvenciones para el próximo carnaval.

Estos recursos les ofrecen posibilidades de enfrentar los sensibles gastos que implica una comparsa o paseo en este marco competitivo que incluye desde el pago de pintores para elaborar pendones de alta calidad hasta el pago de músicos, carpinteros, electricistas, modistas, telas, accesorios decorativos, etc. A título ilustrativo podemos citar que en el año 1956 el paseo "Fantasía Brasilera" de la Placita significó gastos por la suma de $ 2,366.73. Y que en los años anteriores los gastos han excedido siempre los mil pesos.5 Estos gastos no incluyen el gasto personal de los comparseros en la confección de sus trajes los cuales deben subvencionar con sus propios recursos aun cuando recibían alguna ayuda por parte de la comparsa o paseo. Tampoco constituye un gasto la carroza que era proporcionada por la empresa Quinabeer en este caso.6 Es necesario hacer la aclaración de que por lo general las carrozas que llevaban las comparsas y paseos no eran comerciales como en el caso anterior y entonces sí era responsabilidad del grupo en cuestión el financiamiento de ella.

Las bases mismas sobre las cuales se organiza el concurso de comparsas y paseos es un factor de acrecentamiento de los elementos competitivos que conforman el carnaval acrecentando el distanciamiento de la tradición en el carnaval santiaguero. Hay una tendencia marcada a convertir las comparsas y paseos en elementos de atracción turística provocando un estereotipamiento en las manifestaciones carnavalescas donde aparecen clisés de lo considerado como "carnavalesco" y la "originalidad" de cada grupo debe mantenerse dentro de estos marcos para establecer un margen de posibilidades de triunfo.

Recordemos que en los objetivos que se plantea el Municipio con relación a la organización de los carnavales está el provocar el auge turístico alrededor de los mismos lo que trae como consecuencia una variación de las manifestaciones populares espontáneas para adaptarse a los nuevos parámetros. Tanto es así que el Jurado evalúa a los diferentes grupos de acuerdo a una serie de puntos tales como: música, pendones, farolas, banderas, vestuario, número de integrantes, adornos complementarios, sorpresas, etc. Los grupos por esta razón, tenderán a irse profesionalizando utilizando, por lo general, a individuos especializados en la confección de cada uno de los elementos artísticos que componen el paseo o comparsa. La confección de pendones, farolas, banderolas y cualquier otro tipo de dibujo que porta el grupo es realizado por un pintor profesional que cobra por su trabajo; la música queda a cargo, igualmente de profesionales de esta rama, ocurriendo otro tanto con la confección de trajes que dejan de ser producto de la iniciativa individual del comparsero para convertirse, de hecho, en un uniforme de la comparsa elaborado de acuerdo con un modelo preestablecido, con escasas variantes dentro de los integrantes de la comparsa o paseo y escogido y definido por la directiva sin que el comparsero tenga posibilidad de variarlo.

Los grandes grupos basarán su éxito entre otras cosas en el juego con grandes masas de cientos de integrantes que impresionan al público y al Jurado y a la vez son un elemento de puntuación.

No hablemos ya de las carrozas que acompañan a estos grupos que utilizan para su confección el trabajo de los decoradores, generalmente de reconocida calidad, quienes trabajan con diseños cada vez más complicados.

Todos estos factores hacen aumentar de año en año el costo que representa organizar uno de estos grupos y obliga a jugar con una serie de mecanismos para hacerlo más económico. Por ejemplo la compra de tela se hace al por mayor obteniéndose en base a esto una rebaja en los precios por parte del comercio en que se adquiera.7

Con ligeras variantes estos mismos fenómenos operan para otro sector del carnaval, el adorno de calles. Este hecho surge precisamente en los años del Comité de la Gran Semana Santiaguera- exactamente en 1950, como ya hemos visto- 8 Si bien anteriormente se ha realizado un adorno sencillo de las calles de carácter espontáneo y sin gasto de grandes recursos 9 en este año se incorpora una nueva forma en el adorno de calles no propia de Santiago de Cuba. Los datos de que disponemos señalan que este elemento se incorpora tomando la experiencia del adorno de calles en la ciudad de Camaguey.10

Surge este nuevo elemento folklórico como un elemento más a servicio de la propaganda de las empresas o los fines económicos particulares.

Este hecho se produce entre otras razones por el costo de los materiales necesarios para un adorno de calles atractivo, el cual no se puede hacer frente con los limitados recursos de una colecta entre los vecinos de la calle debiendo recurrirse a solicitar el apoyo financiero de alguna empresa que a cambio de esto exigía la propaganda de sus productos en la calle respectiva.*11*

Además de esto algunas empresas como la Bacardí establecerán premios a las calles adornadas, sin que esto estuviese reñido con el nivel estético alcanzado ya que de hecho, el vecindario se preocupará por darle a su calle la mayor belleza posible manteniendo la emulación sana con otras calles similares.

Posteriormente se establecen premios a las calles adornadas a través de concursos municipales mientras que otras empresas, además de la Cía. Bacardí, otorgarán sus premios.

En 1956, como ya hemos visto, se estrecha la vinculación entre el carnaval y la calle adornada, al hacerse la elección de la Reina de forma local éstas pasan a primer plano, cobrando así gran importancia, pues con el pretexto de sostener la campaña de la candidata de su calle o barrio, enorme cantidad de calles fueron adornadas este año.

El auge de las calles adornadas podemos verlo en la siguiente comparación entre el año 1950 y 1956, solamente en el monto de los premios y en la cantidad de estos, pues el número de calles inscriptas para ser adornadas nos ha sido imposible encontrarlo:

1950

San Fermín entre San Mateo y San Antonio, Radamés Goderich: $ 50.00.

San Agustín de Saco a Sagarra, HéctorBetancourt:$ 50.00. San Félix de San Antonio a San Ricardo, Angustias López: $ 50.00 Martí y San Rafael, Isidro Beltrán: $ 50.00 12

1956

Relación de premios otorgados por el Municipio

2.- Dos Grandes premios de $200.00 c/u

Santa Lucía de Santiago a Teniente Rey Habana de Corona a San Pío.

Premios de Bacardí

4.- Primeros Premios de $100.00 c/u

Santa Lucía de Padre Pico a Santiago Santa Rita de Calvario a Carnicería Clarín de Santa Rita a Rey Pelayo Trinidad de San Fermín a Rastro

5.- Segundos Premios de $ 75.00 c/u

San Antonio de Rastro a Vargas Carnicería de Santa Rosa a Santa Rita Calle 11 de Calle 8 al Del Medio M. De la Torre Calle 6 de Escario a Saco Saco de Pedrera a Calle Blanca

15.- Terceros Premios de $ 25.00 c/u

Che Peralta Manzana de Gómez Rizal de Paseo de Martí a General Wood San Fermín de San Ricardo a Santa Isabel San Joaquín de San Antonio a San Ricardo Avenida de Bélgica de Calle2 a Calle 4 San Germán de Calvario a Moncada San Mateo de Calvario a Moncada Moncada de Habana a Trinidad Trinidad de Carnicería a San Félix Trinidad de Calvario a Reloj Mejorana de San Fernando a Princesa Calvario de Santa Rosa a Princesa Cuartel de Pardos de Rey Pelayo a Santa Lucía Cuartel de Pardos de Heredia a Aguilera Prolongación de Celda de Trocha a Calle Primera.13

RELACION DE LOS PREMIOS A LAS MEJORES CALLES ADORNADAS CON PROPAGANDA EXCLUSIVA DE BACARDI-HATUEY

Gran Premio

San Pío e/ Lauro Fuentes y Habana .... $ 200.00
San Agustín entre Saco y Bayamo .... $ 200.00

Primeros Premios

1.- San Fermín e/ San Mateo y San Antonio *100.00*
2.-Serafín Sánchez e/ Trocha y Vista Hermosa. *100.00*
3.-Madre Vieja e/ Escario y Aguilera *100.00*
4.- San Germán e/ Calvario y Moncada *100.00*

Segundos Premios

1.- Pío Rosado e/Martí y Gonzalo de Quesada *75.00*
2.-Santa rosa e/ Clarín y Trocha *75.00*
3.-General Bandera e/ Maceo y San Antonio *75.00*
4.-Escario e/ Primera y Segunda *75.00*
5.-General Portuondo e/ Reloj y Calvario *75.00*
6.-Calle Primera del Rpto. Sorribe e/ Martí y C 2 .... *75.00*
7.-San Pío e/ Los Maceo y Habana *75.00*
8.-Vargas e/ San Antonio y San Ricardo *75.00*
9.-San Joaquín e/ San Antonio y San Carlos *75.00*
10.-Santa Isabel e/ Rastro y Vargas *75.00*

Terceros Premios

1.- Escario e/ Cañedo y San Miguel *25.00*
2.-Primera e/ Pío Rosado y San Félix *25.00*
3.-Maceo e/ Corona y Rastro *25.00*
4.-Prol. De Celda e/ 2da. Y 3ra. Rpto. Flores *25.00*

14

Por el gran número de calles premiadas -cuarenta y seis en total, sin contar los premios otorgados por las otras empresas competidoras de la Bacardí- podemos tener una idea de la enorme profusión de ésta práctica.

En cuanto a la fundamentación económica de la calle adornada podemos decir que ésta cuenta como vías de entrada más o menos estables con la recaudación entre los vecinos de las misma y la subvención de uno u otro tipo de las empresas industriales, pero que sin embargo una de las entradas principales para los organizadores del adorno de calles, aunque está en relación con la misma, es ya de carácter netamente comercial: la instalación de kioscos de bebidas en la misma. El adorno de la calle actúa en este sentido como medio de atraer público hacia estos kioscos aumentando sus posibilidades de ventas. Estos kioscos no son ya un problema del vecindario sino propiedad de alguno o algunos de los principales organizadores del adorno de la calle que utiliza su recaudación con fines netamente personales. Este fenómeno terminará por convertirse en un incentivo importante para la proliferación de las calles adornadas hasta el punto de que en ocasiones la competencia de los premios pasará a un plano secundario. Tanto es así que muchas calles hacían su inscripción ante el Comité de Festejos sin plantearse como objetivo competir por los premios municipales de calles.*15*

En calles como La Trocha cuya ornamentación no la realizan comités de vecinos, se organiza un Comité de Detallistas y Comerciantes que con la ayuda de grandes empresas industriales realizaban el adorno de dicha calle con el objetivo de aumentar su vistosidad y afluencia de público a la misma con lo que garantizaba un aumento de las ventas sobre todo en lo que se refiere a los propietarios de bares y cafés.

Con la proliferación de las calles adornadas se explica lo que podríamos llamar la descentralización del Carnaval que no se realiza ya sólo en las calles en que tradicionalmente se ha hecho, sino que se extiende por toda la ciudad, pudiéndose hablar propiamente de Santiago de Cuba como ciudad en Carnaval. Este fenómeno es observado por los que han intentado hacer una historia del carnaval de Santiago de Cuba.

Sin embargo, es en las tradicionales calles de Martí y Trocha, donde se despliegan mayor número de atractivos destinados a la atracción del turismo nacional, convirtiéndose por lo tanto en la imagen típica del carnaval santiaguero. El volumen de consumidores que afluye a estas dos calles las convierte en el centro del interés y la competencia de las distintas industrias fabricantes de bebidas.

De hecho, como también observan estos autores, el kiosco expendedor de bebidas es un fenómeno que se desarrolla precisamente en estos años de la Gran Semana Santiaguera. En toda la historia del carnaval santiaguero, lo que ha existido son los llamados "toldos" y "mesitas" dedicados fundamentalmente a la venta de frutas, comida, refrescos, -prú, chicha, jugo de frutas naturales, etc.- y sólo en forma secundaria de bebidas alcohólicas que se venden en los bares y cafés fundamentalmente. *16*

Es de señalar que estos "toldos" y "mesitas" no eran un punto de establecimiento para el público consumidor que sólo se detiene en ellos un breve tiempo para realizar el consumo y continuar luego la fiesta, cosa contraria a lo que ocurre con el kiosco donde se acostumbra a permanecer por un espacio más o menos largo de tiempo.*17*

El kiosco, dentro del marco del carnaval, es una empresa de mediana dimensión que requiere en muchos casos de algunos recursos económicos para su instalación.

En primer lugar, se deben pagar derechos al Municipio, para que autorice la instalación del mismo, además de ello, como en muchos casos el dueño del kiosco –que se instala en las calles- no es el propietario de la casa frente a la cual se ubica y a cambio de esto debe de pagar un precio convenido con el dueño de la misma para retribuirlo por las molestias que esto implica entre otras cosas el uso del servicio sanitario de la casa, guardar la bebida y permitir tomar la corriente eléctrica de la misma. Vienen luego los materiales necesarios para la instalación de los kioscos, cuyo tamaño y calidad artística dependen de los recursos económicos con que cuenta el propietario. En muchos casos, para obviar este problema, se recurre a las empresas de bebidas que proporcionan armazones de kioscos de propaganda de sus productos. En el caso de que el kiosco se instale con los recursos de su propietario se podía recurrir a dos sistemas, uno de ellos comprar madera y demás materiales, los cuales se guardaban una vez terminado el carnaval, para su reinstalación en el próximo año, en otros casos se recurre a un sistema más económico consistente en alquilar la madera necesaria. Con las mesas y sillas se procedía de forma similar.

El kiosco además de esto, necesitaba de personal empleado para la atención al público cuyo número dependía del tamaño del mismo y sus características puesto que en algunos de ellos se utiliza además del personal de la barra, meseras para atender al público, dependiendo en muchos casos, de su número y "capacidad de atracción" el éxito en las ventas del kiosco.

En el kiosco, en muchos casos, además de venderse bebidas alcohólicas se venden comidas que se hacen típicas del carnaval – ayaca, congrí, plátano hervido, ñame, cangrejo, chivo, cerdo, etc.- logrando de ésta forma que el consumidor no necesite moverse del lugar para obtener todo lo necesario en una noche de carnaval.

Continúan existiendo pequeños puestos de ventas de frituras, empanadillas, emparedados de lechón asado, etc., así como en calles como Trocha, se crean nuevos centros de atracción como: tiro al blanco, juegos de azar, etc., con lo que aumenta el número de personas beneficiadas económicamente con la realización del carnaval. Sin embargo el kiosco se convierte sin dudas en el centro del carnaval en estos años, no sin afectar a otros intereses establecidos. Para las grandes empresas de bebidas constituyen la base de su negocio, pero los dueños de cafés, bares, etc., protestan en más de una ocasión por la competencia que los mismos significan terminando el Municipio por establecer reglamentaciones en cuanto a la instalación de kioscos y su fecha como medio para conciliar los intereses en pugna.

Así en 1956 la Alcaldía Municipal establece un reglamento para la instalación de kioscos para las máscaras que señala en su artículo tercero:

Se dispone el comienzo y funcionamiento de los kioscos, el domingo día primero de Julio y los mismos serán retirados a más tardar el día 30 de ese propio mes y por ningún motivo se permitirá abrir los kioscos antes de la fecha indicada, ni tampoco dejarles instalados después de la fecha señalada para su demolición. 18

Se establece igualmente que:

En cumplimiento de acuerdo de nuestro Ayuntamiento, los comerciantes establecidos con su patente de alcohol al día, podrán colocar frente a sus comercios kioscos, sin la obligación del pago de los derechos correspondientes durante todo el mes de Julio. 19

El auge adquirido por los kioscos en estos años no es posible explicárselo sin la existencia de otro elemento que es también parte integrante de la economía del carnaval y que pasa a ser también un factor imprescindible en el marco de las fiestas carnavalescas, dándole gran parte de su animación y alegría: la máquina tocadiscos conocida como traganíquel. Es el traganíquel el que permite que el kiosco sea un elemento completo en sí mismo, pues garantiza que para bailar las piezas populares más variadas, los últimos "hits", no haya que poseer un conjunto musical que no podrían pagar los kioscos pequeños y medianos y sin esta música no sería posible mantener durante largo tiempo al público consumidor en el kiosco. Ahora bien, los primeros aparatos de este tipo no hacen aparición en Santiago de Cuba hasta después de 1946 **20** de forma general lo que explicaría que los kioscos no hayan podido alcanzar su auge hasta una fecha posterior a ésta. Así el desplazamiento que mencionábamos del carnaval hacia nuevas zonas de la ciudad es un resultado indirecto de la existencia de este nuevo elemento técnico.

El traganíquel en sí mismo es un factor importante en la economía del carnaval ya que las recaudaciones que obtienen los mismos son relativamente elevadas pudiéndose calcular que un aparato puede recaudar en un día de carnaval entre doce y quince pesos. De ésta cantidad el dueño del kiosco recibe entre un diez o un veinte por ciento, aunque, por las razones que explicábamos, este no es su interés principal para instalar el aparato.

Todos estos casos que hemos expuesto, así como otros que hemos tratado anteriormente, son una muestra de la incidencia directa de los problemas económicos sobre las manifestaciones folklóricas y tradicionales de forma tal que éstas se convierten en una industria lucrativa al amoldarse a los patrones impuestos.

CONCLUSIONES

PRIMERA:

El Carnaval antes de 1948 tiene un carácter básicamente espontáneo y popular, teniendo un financiamiento mínimo por parte de las industrias, comercios y las autoridades pero conservando en gran medida los aspectos tradicionales.

SEGUNDA:

La primera empresa industrial que tiene un peso relativamente importante en el financiamiento y organización de los carnavales antes de 1948, así como una visión clara de los mismos es la Compañía Cigarrera "Eden", aunque no llega a tener un control absoluto de los mismos.

TERCERA:

A partir de su fundación en 1948 el Comité de la Gran Semana Santiaguera va absorbiendo sectores cada vez más amplios para lograr el financiamiento y organización de los carnavales por parte de empresas privadas que le imprimen su característico sello comercial.

CUARTA:

El Carnaval por estas razones toma un marcado carácter turístico que se acentúa al generalizarse la participación comercial e industrial en la organización del mismo, lo que provoca la desaparición o deformación gradual de los elementos tradicionales del carnaval santiaguero y la incorporación de nuevos factores que si bien le dan mayor auge y colorido están lastrados desde su inicio por un carácter comercial.

QUINTA:

La fisonomía del Carnaval se altera completamente en estos años tanto por los mayores recursos dedicados a su financiamiento como por la aparición de nuevos sectores de interés económico a la escala mediana y pequeña tales como: las calles adornadas y los kioscos.

SEXTA:

El centro de interés para los diferentes Comités organizados por empresas industriales en el marco del Carnaval está en la elección de la Reina y sus Damas de Honor que por su forma de organización constituyen una magnífica vía de propaganda y promoción de ventas.

SÉPTIMA:

Los restantes elementos participantes del Carnaval tales como paseos y comparsas terminan igualmente por verse absorbidos por el mecanismo comercial impuesto. El auge o decadencia de estos elementos dependerá de su eficacia para adaptarse a dichos mecanismos.

APÉNDICE I

ASOCIACIÓN "COMITÉ DE LA GRAN SEMANA SANTIAGUERA" REGLAMENTO

Artículo 1ro.: Esta asociación se denomina "COMITÉ DE LA GRAN SEMANA SANTIAGUERA" y tiene por objeto cooperar al mejor lucimiento de los carnavales que tradicionalmente se celebran en esta ciudad en honor a su santo patrono, Santiago Apóstol, organizando y celebrando al efecto cuantos festejos, certámenes, concursos y demás actos se estimen convenientes. Procurará además la atracción y fomento del turismo y la exaltación de nuestras tradiciones. Su insignia consistirá en el Escudo de la ciudad con la inscripción "Comité de la Gran Semana Santiaguera".

Artículo 2do.: El domicilio social está en la ciudad de Santiago de Cuba, en la casa marcada con el número 301 de la calle Aguilera, mientras no disponga otra cosa su organismo directriz.

Artículo 3ro.: El Comité de la Gran Semana Santiaguera es de carácter apolítico, estrictamente social, con absoluta autonomía e independencia de organización.

Artículo 4to.: El Comité de la Gran Semana Santiaguera organizará todos los años, entre otros actos, un certamen o concurso provincial, de carácter popular, con el fin de elegir la Reina y cuatro Damas de Honor de "La Gran Semana Santiaguera", quienes presidirán los festejos que organice la asociación, en los carnavales de Santiago o en cualesquiera otros actos en que así se disponga. En todos los actos que organice la asociación procurará obtener en lo posible la cooperación del Municipio, teniendo en cuenta el mutuo interés en el éxito de las fiestas tradicionales de la ciudad.

Artículo 5to.: Los certámenes o concursos u otros actos que organice el Comité, serán efectuados con la cooperación de las industrias, comercios, instituciones cívicas, asociaciones y particulares que sean seleccionados por el Comité y se obtendrá la ayuda de las autoridades y de la prensa. El concurso o certamen para la elección de la Reina y sus Damas de Honor será efectuado por medio de votación, obteniéndose los votos mediante canje por etiquetas, cupones, envolturas, tapas o cualquier otro símbolo comercial sin limitación alguna, que se obtendrán por los interesados de los industriales y comerciantes seleccionados por el Comité, el cual podrá seguir utilizando este sistema de elección mientras lo estime conveniente o variarlo o alterarlo en cualquier forma cuando así lo decida.

Artículo 6to.: Los socios serán de tres clases: Fundadores, Protectores y de Honor. Serán socios Fundadores aquellos que como su nombre lo expresa han fundado o iniciado esta asociación; quienes a la vez podrán ser protectores. Protectores, los que contribuyen directa o indirectamente al sostenimiento y fines de la asociación, mediante aportes de cualquier clase. De Honor, los que designe mediante acuerdo la Junta General. Los socios podrán ser tanto personas naturales como jurídicas.

Artículo 7mo.: Para ser admitido como socio protector será necesario obtener la aprobación de las tres cuartas partes de los miembros de la Junta General.

Artículo 8vo.: La asociación "Comité de la Gran Semana Santiaguera" estará regida por la Junta General y por la Junta Directiva. La Junta General estará compuesta por los socios fundadores y por los protectores y se reunirá ordinariamente el tercer Domingo del mes de marzo de cada año en el local social. En caso de no haber quorum en la primera citación, se celebrará la Junta el domingo siguiente con cualquier número de socios. La celebración de la Junta General podrá ser transferida por la Junta Directiva por causas justificadas. Las Juntas Generales Extraordinarias tendrán lugar cuando las convoque al efecto la Junta Directiva, el Presidente de la asociación o a solicitud de diez asociados. Las citaciones para la Junta General Ordinaria y Extraordinaria se efectuarán con la suficiente anticipación.

Artículo 9no.: Se considerará legalmente constituida la Junta General siempre que concurran a la primera convocatoria la mitad más uno de sus asociados y cualquier número que sea el de asistentes en segunda convocatoria. Sus acuerdos deberán ser adoptados por mayoría de votos de los presentes; salvo en aquellos casos en que este Reglamento disponga otra cosa. En dicha Junta podrán tratarse libremente todos los asuntos que competen a la asociación y estará presidida por el Presidente de la Junta Directiva o por quien lo sustituya y en ausencia de ambos por el socio presente de mayor edad.

Artículo 10mo.: La Junta General Ordinaria elegirá a los miembros de la Junta directiva la cual estará integrada por un Presidente, que lo será de la asociación, un Vice-Presidente, un Tesorero, un Vice-Tesorero, tres vocales, un Director de Festejos y Propaganda y un Secretario que necesariamente habrá de ser letrado. La Junta Directiva se reunirá, por lo menos una vez al mes y las citaciones se harán por el Secretario pasando comunicaciones con cuarenta y ocho horas de anticipación salvo en los casos de suma urgencia en que podrán hacerse por cualquier medio.

Artículo 11no.: Son atribuciones de la Directiva:

a) Fijar los días en que habrán de celebrarse los escrutinios de los certámenes y concursos y demás actos a que se refiere el artículo primero de este Reglamento.

b) Formar los comités o comisiones, cuando lo estime necesario, que la auxilien en los asuntos para los cuales hayan sido designados.

c) Designar la institución bancaria en que hayan de depositarse los fondos sociales a nombre de esta asociación y los requisitos que deberán llenarse para su extracción.

d) Admitir o rechazar los socios protectores propuestos o separar a cualquiera de los existentes

e) Convocar a Junta General de Asociados.

f) Velar porque se mantenga el prestigio y el buen nombre de la asociación e imponer al efecto las medidas que estime convenientes.

g) Formar el presupuesto de la asociación cada año.

h) Delegar en el Director de Festejos y Propaganda todas las atribuciones contenidas en el presente artículo y las demás que este Reglamento le confiere a la Directiva, el que deberá dar cuenta oportunamente de los actos que realice con ocasión de esta delegación.

Artículo 12do.: La Junta Directiva se considerará legalmente constituida siempre que en sus reuniones se hallaran presentes, por lo menos, la mitad más uno de sus integrantes en primera convocatoria y con cualquier número en la segunda. Los acuerdos serán adoptados por mayoría de votos de los presentes, salvo en aquellos casos que este Reglamento disponga otra cosa.

Artículo 13ro.: Los acuerdos de la Junta Directiva y los de la Junta General, bien ordinarias o extraordinarias serán obligatorios para todos los asociados, hayan o no concurrido a la respectiva sesión y podrán revocarse en igual clase de Junta y con igual número de votos a los que se hayan tomado.

Artículo 14to.: Son atribuciones del Presidente: disponer las convocatorias para las Juntas Generales y de la Directiva; presidir todas las juntas encausando sus discusiones y cuidando de que se observe el orden debido concediendo o negando la palabra al que lo solicite; ordenar los pagos con los debidos justificantes y de acuerdo con los presupuestos vigentes; autorizar, en unión del Secretario, los documentos públicos y privados cuyo otorgamiento acuerde la Junta Directiva o la General, así como los títulos de los socios; cuidar se observen las disposiciones de este Reglamento y cuantas medidas se acuerden en la Junta General o la Directiva, así como revisar los balances de tesorería cuando lo estime pertinente.

Artículo 15to.: El Vice-Presidente asistirá a las Juntas Directivas y sustituirá al Presidente en caso de ausencia, renuncia, incapacidad, o muerte de éste, con iguales atribuciones y deberes del mismo.

Artículo 16to.: Son deberes del Secretario asistir a todas las juntas que se celebren y redactar las actas de las mismas en el libro correspondiente, firmándolas con el Presidente; cuidar de la conservación del archivo, extender las convocatorias; comunicar a los asociados todos los actos, certámenes y concursos que celebre la asociación, con la debida anticipación redactando los documentos que emanen de la asociación y despachar la correspondencia; llevar los libros de altas y bajas de los asociados y demás que sean necesarios, cuyas altas y bajas comunicará al Tesorero oportunamente; autorizar con el Presidente los documentos públicos y privados que las juntas acuerden otorgar y firmar los títulos de los socios en unión del Presidente.

Artículo 17mo.:Son deberes y atribuciones del Tesorero: llevar un libro de Caja donde anotará los ingresos y egresos de la asociación por todos conceptos; extender y firmar los recibos y demás documentos de cobro, haciendo constar su carácter de Tesorero; satisfacer las cantidades que adeude la asociación; conservar en orden los documentos que se relacionen con su cargo y efectuar los días últimos de cada mes un balance de tesorería y presentándolo a la Junta Directiva para su examen y aprobación; efectuar al vencimiento de cada año un balance general en el que demostrará el estado económico de la asociación y someterlo a la aprobación de la Junta Directiva; presentar a la Junta Directiva en la segunda semana del mes de Marzo un proyecto del presupuesto anual correspondiente a la asociación.

Artículo 18vo.: El Vice-Tesorero asistirá a las Juntas Directivas y sustituirá al Tesorero en todas sus atribuciones, en caso de ausencia, renuncia, incapacidad o muerte del mismo.

Artículo 19no.:Son atribuciones del Director de Festejos y Propaganda: organizar los actos y festejos y los escrutinios, certámenes y concursos a que se refiere el artículo primero de este Reglamento, dictando al efecto las bases reglamentos y demás disposiciones pertinentes para la organización, desarrollo y propaganda de los mismos; integrar como asesor los comités y comisiones que forme la Directiva; asesorar a la Directiva y a sus integrantes en todas las atribuciones y deberes que a los mismos competan; efectuar propaganda por la prensa, radio y cuantos medios más estime convenientes de todos los actos, festejos, certámenes y concursos dispuestos por esta asociación; gestionar la cooperación de todas las autoridades, así como de las entidades o empresas industriales y comerciales y de asociaciones y particulares que considere pertinente, para el mejor lucimiento de los actos que se dejan relacionados en este artículo; designar y dirigir al personal que emplee la asociación en cualquier momento. Para el ejercicio de cualquiera de las atribuciones reseñadas anteriormente será preciso el consentimiento de la Junta Directiva.

Artículo 20do.: La Directiva se renovará cada año por decisión de la mayoría de los socios fundadores y protectores, en la Junta General Ordinaria a que se refiere el artículo ocho de este Reglamento, pudiendo ser reelectos sus integrantes o cualesquiera de ellos. Los que resulten designados tomarán posesión de sus respectivos cargos en el acto, y si alguno no estuviese presente podrá hacerlo en cualquier junta que celebre la nueva directiva. Cada miembro de la Directiva permanecerá en su cargo hasta que tome posesión la persona que lo releve en el mismo de acuerdo con este Reglamento.

Artículo 21ro.: La asociación quedará disuelta cuando así lo acuerde la Junta General.

Artículo 22do.: Cuando la asociación quede disuelta por cualquier causa se repartirán sus pertenencias entre los socios fundadores, después de pagadas todas las obligaciones pendientes.

Artículo 23ro.: Este Reglamento podrá ser total o parcialmente modificado por acuerdo de la Junta Directiva convocada al efecto.

APÉNDICE II

REGLAMENTO PERMANENTE DE LAS TRADICIONALES FIESTAS DE MASCARAS O MAMARRACHOS

Art. 1ro.- El Municipio de Santiago de Cuba, tendrá a su cargo todo lo concerniente a la organización y realización de las tradicionales Fiestas de Máscaras en esta ciudad._____

Art. 2do.- CARÁCTER DE LAS FIESTAS.- Estas fiestas tendrán color y sabor local, y pondrán de manifiesto las costumbres y tradiciones de la Ciudad. _____

Art. 3ro.- FECHAS DE LAS FIESTAS.- Se declara oficialmente que nuestras fiestas tradicionales de máscaras, se efectuarán los días llamados de San Juan, San Pedro, Santa Cristina, Santiago Apóstol, Santa Ana y San Joaquín, comenzando el período de las fiestas el día 23 de Junio y terminando el último domingo del mes de Agosto._____
Todos los sábados, domingos, días festivos y vísperas de las fiestas mencionadas, se considerarán de Fiestas de Máscaras. _____

Art. 4to.-DEL FINANCIAMIENTO DE LAS FIESTAS DE MASCARAS.- El Municipio de Santiago de Cuba, financiará las fiestas de máscaras; pero podrá admitir la cooperación de cualquier otra entidad, social, comercial, industrial, cívica o particular, que desee participar en su organización y realización. _____

Art. 5to.- ENSAYOS.- Los ensayos de Paseos, Comparsas y Relaciones y otros concursos que así lo ameriten, podrán dar comienzo, el segundo Sábado del mes de Junio de cada año, entre las ocho y media y once y media de la noche, en lugares que no molesten al vecindario, solicitando previamente autorización de la Alcaldía Municipal, que dará cuenta a los Cuerpos de Seguridad._____ Los ensayos de Paseos y Comparsas, no se permitirán proximidad de los mismos, exigiéndole una distancia no menor de 400 metros y cuando estos no sean similares, una distancia de 200 metros._____

Art. 6to.- DE LOS BAILES.- Los bailes de máscaras, sólo podrán efectuarse en las noches de los días que aparecen señalados en el Artículo 3 de este Reglamento, mediante el permiso del caso, que deberá ser solicitado con 48 horas de anticipación en la Alcaldía Municipal, de acuerdo con las disposiciones vigentes._____

Queda terminantemente prohibido a toda persona que no sea Agente de la Autoridad, destinada a cuidar del orden en los bailes, portar armas o utensilios que puedan causar molestias a los demás._____

_____ En los bailes de máscaras, sus organizadores o directivas podrán reglamentar los disfraces para los mismos y la identificación de los invitados por si lo estiman conveniente._____

Art. 7mo.- DE LOS KIOSCOS, BARRACAS Y MESAS.- Queda permitido la instalación de kioscos, barracas y mesas, en lugares públicos, durante las fiestas, previa la autorización de la Alcaldía Municipal y el pago de los derechos correspondientes.- El lugar de su instalación será regulado por la propia Alcaldía, con una distancia de metro y medio de separación, uno de otro._____

Art. 8vo.- DE LOS PASEOS.- La Policía y el Ejército tendrán a su cargo de acuerdo con la Alcaldía Municipal, el itinerario de los Paseos de Máscaras, en los días señalados anteriormente. Los automóviles de las autoridades y cuerpo Consular quedan excluidos de toda obligación y medidas que se dicten al efecto. No podrán transitar por los paseos durante ellos, carros de carga, ni otra clase de vehículos que afeen con su presencia el mismo, ni podrán lanzarse puñados de harina ni otras sustancias perjudiciales y nocivas, permitiéndose únicamente el uso de confetis y serpentinas, siempre que los primeros se arrojen sueltos y las segundas en forma que no lleguen enrolladas, sino desenvueltas, a cuyo efecto no podrán lanzarse desde una distancia no menor de tres metros. También queda expresamente prohibido el uso de cloretilo, así como recoger serpentinas y confetis usados.--Con el fin de que el tránsito no sea interrumpido, se cuidará de que el servicio de tranvías y ómnibus, sea regulado debidamente por la Sección de Tránsito de la Policía Nacional.

Art. 9no.- DE LOS DISFRACES.- Queda terminantemente prohibido el uso de disfraces y otros artificios que semejen a las indumentarias de los Cuerpos Armados de la República, y de Ordenes Religiosas, o que se imiten o representen personalidades nacionales o extranjeras, así como el uso de uniformes de empleados de empresas y alumnos de Escuelas Públicas y Privadas.---Quedan también terminantemente prohibidas las máscaras que por su indumentaria o movimiento se puedan considerar indecorosas o que atenten contra la moral y las buenas costumbres.

Art. 10mo.- DE LOS PREMIOS.- El Municipio como un estímulo para el mejor lucimiento de las Fiestas de Máscaras, subvencionará y concederá premios, lo primero a los directores de comparsas y paseos para emplearlos en los preparativos de su organización, prefiriéndose a aquellos que tradicionalmente, han venido cooperando con el Municipio al mayor lucimiento de estas fiestas; y lo segundo, a todos aquellos concursos que se convoquen.-Las entidades sociales, comerciales, industriales, cívicas y particulares, señaladas en el Art. 4to. de este Reglamento, podrán ofrecer premios con el nombre que estimen conveniente y de acuerdo con la Reglamentación oficial de este Municipio.

Art. 11no.- R E C O R R I D O.- El recorrido de las Comparsas y Paseos se llevará a efecto, principalmente, en el Paseo de "Circunvalación".- Las máscaras a pié, carrozas, relaciones y pequeños grupos, no tienen que ceñirse a este recorrido.

Art. 12mo.- DISPOSICIONES SOBRE COMPARSAS Y PASEOS.- Los Directores de Comparsas y Paseos, son responsables ante las autoridades del cumplimiento de estas DISPOSICIONES y a ese efecto, deben designar personal para que auxilie a los Cuerpos Armados de la República, en el mantenimiento del orden, entregando a toda aquella persona que se exceda de lo dispuesto o cometa fechorías, así como llevar armas prohibidas o utensilios que puedan causar daño a los demás.-------------
--En caso de infracción impedirse la salida de cualquier comparsa o paseo, retirándosele el permiso, si

éste se le hubiese concedido.-Los Agentes de las Autoridades, estarán vigilantes al mantenimiento del orden en el recorrido de las comparsas y paseos y procederán contra todas aquellas personas que lleven vestuarios impropios o que realicen contorsiones y ofendan la moral.----------------------
-----------------Las inscripciones de comparsas y paseos ante la Alcaldía, se efectuarán desde el día primero de Julio hasta el 22 inclusive, del mismo mes, a las cinco de la tarde, en que se cerrarán y deberá señalarse en las solicitudes, el lugar en que habrán de efectuarse los ensayos.

Art. 13ro.- Los días 24 y 29 de Junio, festividades de San Juan y San Pedro, las comparsas y paseos, recorrerán principalmente el Paseo de Circunvalación de la ciudad, desde las cinco de la tarde hasta las doce de la noche, procurando sus directores que a esta última hora se encuentren próximos al lugar donde efectúan sus ensayos para retirarse.- Los días 24, 25 y 26 de Julio, festividades de Santa Cristina, Santiago Apóstol y Santa Ana y el siguiente domingo día del reparto de los premios, las comparsas y paseos recorrerán principalmente el Paseo de Circunvalación, el primero desde las cinco de la tarde hasta las doce de la noche y los días subsiguientes sin límite de tiempo._____

Art. 14to.- <u>ACTUACION DE LAS AUTORIDADES</u>.-

Para que el más absoluto orden y organización de las fiestas de máscaras, reinen en el concurso de estas manifestaciones de júbilo popular, el Ejecutivo Municipal, solicitará el auxilio de los Cuerpos Armados de la Nación, para el cumplimiento de las disposiciones que se dicten._____ Estas fiestas de máscaras no podrán ser prorrogadas, por lo cual su fecha de terminación, en relación con los bailes será el último domingo del mes de Agosto y en relación con las salidas de Comparsas y Paseos, será el día de la festividad de San Joaquín._____
_____ Queda facultado el Ejecutivo Municipal para dictar los bandos, resoluciones y disposiciones que crea conveniente para la mejor organización de estas fiestas; el mismo quedará obligado a dar a conocer al pueblo por medio de la Prensa, Radio y otros medios de publicidad, todo lo concerniente a los decretos y disposiciones que se dicten en relación con estas fiestas._____

APÉNDICE III

RELACIÓN DE LOS INGRESOS Y EGRESOS HABIDOS EN LAS FIESTAS DE MAMARRACHOS AÑO 1948

INGRESOS

Municipio	$	5,000.00
Estado		5,000.00
Comité Semana Santiaguera		500.00
Corporación Nacional de Turismo		200.00
Marina de Guerra		100.00
Trinidad y Hno		100.00
Havana Electric (Stgo.)		40.00
Total		10, 940.00

EGRESOS

SUBVENCIONES

A comparsas, paseos y reinados:

La Juventud de Trocha.- Erasmo Vidal	$	180.00
Los soberanos.- Maximiliano Estrada		180.00
La Juventud de Crombet.- Mérido Paumier		70.00
LaTradición de Los Hoyos.- Juan Trutiet		250.00
Estrellas de Oriente.- Manuel González		125.00
Cosas de Cuba.- José Martínez Cause		95.00
Melodías de Oriente.- Juan Esparraguera		250.00
Santiagueros Divertidos.- Isidro Beltrán		125.00

Embajadores del Ritmo.- Luis Pichón.............................	180.00
Los Hijos de La Kimona.- Félix García...........................	180.00
Carabalí Isuama.- Porfirio Villalón.................................	35.00
Recuerdos del Cubanacán.- Armando Rivera....................	60.00
Hijos de Hatuey.- Arístides Bory.................................	60.00
Los Sultanes Criollos.- Mario Moya.............................	60.00
La Sorpresa de Oriente.-Eugenio Heredia.......................	80.00
Ritmo en los Piés.- Rogelio Ferrer.............................	60.00
Los Sultanes de Crombet.-Aldo Bonachea.......................	130.00
Los Ases del Edén.- Doris Acosta..............................	40.00
Reinado del Fangó Bacuá......................................	480.00
Semana Santiaguera ayuda a la candidata municipal..........	1,000.00
Corrida de Toros,- Pablo Castillo.............................	5.00
Comparsa de la improvisación,- Orlando Navarro..............	5.00
Total................... $	3,650.00

Cooperación a los paseos que no obtuvieron premio:

Estrellas de Oriente................................ $	50.00
Sorpresas de Oriente..............................	40.00
Ritmo en los Piés.................................	40.00
Recuerdo del Cubanacán...........................	40.00
Sultanes Criollos.................................	40.00
Total .... $	210.00
Total .... $	3, 860.00

TRIBUNA

Costo de la Tribuna................................... $	2, 000.00
Tarjetas para pases en la tribuna.....................	24.50
Total .... $	2,024.50
$	3,860.00

Empleados de Entrada a la Tribuna

Gerardo Cano...............	$	12.00
Armando Medina...............		12.00
Roberto López...............		12.00
Francisco Tamajón...............		12.00
Luis M. Tavío...............		12.00
Manuel Benítez...............		15.00
Total	$	75.00
	$	2, 099.00

PREMIOS:

La tradición de Los Hoyos.- J. Trutiét...............	$	500.00
Los Invasores del Edén.-E. Vidal...............		300.00
Los Soberanos.- M. Estrada...............		200.00
La Juventud de Crombet.-M. Paumier...............		50.00
Cosas de Cuba.-J.M. cause...............		500.00
Los sultanes de Crombet.-A. Bonachea...............		300.00
Los Hijos de la Kimona. F. García...............		300.00
Melodías de Oriente.-J. Esparraguera...............		300.00
Los Hijos de Hatuey.-A. Bory...............		100.00
Los Embajadores del Ritmo.-L. Pichón...............		100.00
Santiagueros Divertidos.-I. Beltrán...............		50.00

Relaciones:

Tres venganzas por amor.- Ramón Evora...............	15.00

Conjuntos Musicales:

Jóvenes Unidos	30.00
Todo Sorpresa	15.00

Kioscos:

El tranvía	15.00

Máscaras a Pié:

Emilio Goulet	10.00
René Rojas	10.00
José A. Rodríguez	10.00
El Perico	10.00
Pastor Palay	10.00
Miguel Mompó	5.00
Mercedes Mompó	5.00
Jonás Echeverría	5.00
Cándido Griggs	5.00
Francisco Guevara	5.00
Florencio Guevara	5.00
Gustavo Bueno	5.00
Joaquín Prego	5.00
Isaías Danger	5.00
Diablo Lumino	5.00
Isabel Martínez Dumas	15.00
La Reina de La Kimona	15.00
Ernesto Ocaña	10.00
Marvelia Sánchez	10.00
Tomás Baquero	5.00
Ricardo Lisabet	5.00
Imilsca y Pedro Castelnau	5.00
Teresa Martínez	5.00
Ana Castelnau	5.00
Silvia Borgellás	5.00
David Ferrer	5.00
Carlos Dagnes	5.00
Sara Ferré y Fco. Palau	5.00
Marta Miralles	5.00
Hermanos Hernández	5.00
Leonel y Xiomara	5.00
Entrega al Alcalde para premios en la tribuna	100.00
	$ 3,095.00

PROPAGANDA Y PUBLICIDAD:
Premios a los artistas de los Scrinos;

Wilfredo Lago.. $ 100.00

Enrique Marañón.. 50.00

Confección de Screen:

Queralt y Cía.- 250 Screen 125.00

Alfonso Pérez Casamayor 125.00

Reparto de Screen:

Pedro Flores.- Gastos de viajes por la provincia   48.00
en la labor de reparto ....

Propaganda de Prensa:

Por gratificación a los Sres. Periodistas:
Angel de la tejera, Ernesto Ocaña, Gustavo
Lachatanerais, Ernesto Hernández Soler,
Emilio Soto Pacífico, Pablo Milá Ortíz, Rafael
Argilagos, Juan Lunsi, Felipe Chaves, Carlos
Nicot, Zenín Carnet, Mario Cuevas, Joaquín Ruíz,
Raúl Ibarra, Armando Ramírez, Oscar Lorient,
Mario Alemán, Salazar Caballero, Eduardo Abril Dumois,
Argimiro Poveda, Antonio Pérez Infante,
Juan Hecheverría, Genaro Cabeza, José Silva
Dominices y Juan Arrufat...
Total $ 900.00

$ 1,348.00

ORGANIZACION

Mecanógrafo... $ 25.00

Peones: ....

Félix Murgado 10.00

Tomás Montoya 6.00

A. Cabrales 5.00

Vivino Santa Cruz 3.00

José Cortés 8.00

Atención al vigilante Juztiz		15.00
Almuerzo y comida de las comisiones Durante la preparación de los actos..		36.50
Pedro Flores.- Por su trabajo en máquina		8.00
	$	116.50

Sub-Total $ 10, 397.50

Servicio de amplificación de los actos en el Municipio..........	$	10.00
Juan Macías como chofer a las órdenes del Director de Festejos		72.00
Alfonso Di Bianco por arreglar copa		3.00
Por telegrama cursado al Alcalde de Santiago de Compostela, con motivos de las fiestas		10.53
Por gratificación a dos médicos que prestaron sus servicios en el botiquín de Trocha		50.00
	$	262.03

Varios:

Operación Banco, para préstamo de $5,000.00	54.80
Cooperación a un grupo de Máscaras	5.00
	59.80

Actos en el Municipio a las Reinas de los Carnavales. Al Baturro, por servicios de dos ponches con bocaditos...........	$	100.00
Jardín La Esperanza, por alquiler de arecas y doce corsajes para la reina y sus Damas................................		115.00
	$	215.00
Gran Total................	$	10, 934.33

RESUMEN:

Ingresos..	$	10,940.00
Gastos	$	10,934.33
Sobrante	$	5.67

En efectivo..............................	$	3.17	
En créditos		2.50	
Total.........	$	5.67	$ 5.67

Santiago de Cuba, 6 de Agosto de 1948

GRAN SEMANA SANTIAGUERA

Resumen de Ingresos y Egresos   Agosto 5 de 1948

INGRESOS

CONCURSO INDUSTRIAL

Cía Ron Bacardí	7,122.19	
Canada Dry de Cuba	1,105.62	
Boytel Industrial S.A.	89.68	
Laboratorios Gravi	89.31	
Café "El Molino"	28.20	$ 8,435.00

EMISION DE BONOS

Ventas de Bonos a Comerciantes	940.00	
Ventas de Bonos al público	1,210.00	$ 2,150.00

DONATIVOS

Cía. Cubana de Electricidad	100.00	
Cía. Embotelladora Quinabeer	100.00	
Cía. Seguros de Oriente	250.00	
Cuban Telephone Company	50.00	
Cámara de Comercio China	25.00	
Guantánamo and Western Railroad	25.00	550.00

CORONACIÓN TEATRO CUBA

Venta de 1135 localidades a $0.80	908.00

PREMIOS

Donado por Revista Bohemia para Poeta	100.00
	$ 12,143.00

Aurelio Raffo Gutiérrez   Eligio Valdés Cruz
Tesorero   Contador

GRAN SEMANA SANTIAGUERA

Resumen de ingresos y egresos   Agosto 5, 1948

EGRESOS

GASTOS DEL CONCURSO:

PERSONAL

Sueldos durante el Concurso	$ 750.00	
Gratificación del personal	190.00	$940.00

LOCAL

Alquiler local	75.00	
Alquiler mobiliario	60.00	135.00
GASTOS DE IMPRESOS Y EFECTOS OFICINA		286.93
COMISIÓN DE CHEQUES Y SELLOS		9.75
GASTOS DIVERSOS		148.36
PROPAGANDA PERIODÍSTICA Y RADIO		528.83
		$ 2,048.87

GASTOS GRAN SEMANA SANTIAGUERA

CORONACIÓN TEATRO CUBA	1,079.00
ATENCIONES A REINAS Y CORTE	1,090.53
GASTOS FESTEJOS	3, 010.50
PREMIOS	2,495.00
PROPAGANDA PERIODÍSTICA	1,193.05
GRATIFICACIÓN AL DIRECTOR DE FESTEJOS	500.00
GASTOS DIVERSOS	10.27
	9,378.35
TOTAL DE EGRESOS	$ 11,427.22
SALDO EN BANCO EN ESTA FECHA	715.78
	$ 12,143.00

GRAN SEMANA SANTIAGUERA

Resultado final del Concurso para el "Reinado de Máscaras".

Candidata	No. de votos
Carmen Girón	2'624,359
Irma Leyva García	1'989,129
Melba Muñoz	1'124,889
Nayibe Atala Medina	950,462
Aristele Pérez Pais	278,321
Lidia Negrete	176,847
Carmen López	19,420
	7'163,427

Resumen	
Total de votos emitidos	7' 173,684
Total de votos depositados	7' 163,427
Votos dejados de depositar	10,257

Santiago de Cuba, Julio 22, 1948

Aurelio Raffo Gutiérrez   Eligio Valdés Cruz

Tesorero   Contador

GRAN SEMANA SANTIAGUERA

Resumen de votos e importe con que han contribuido las diferentes industrias de esta ciudad.

Nombre de la firma	No. de votos	Importe
Cía. Ron Bacardí S.A.	4'189,772	$ 7,122.19
Canada Dry de Cuba	331,689	1,105.62
Boytel Industrial	667,445	89.68
Laboratorios Gravi S.A.	904,082	89.31
Café "El Molino"	5,696	28.20
Venta de Bonos a Comerciantes	470,000	940.00
Venta de Bonos al público	605,000	1,210.00
	7'173,684	$ 10,585.00

Santiago de Cuba, Julio 22, 1948

Aurelio Raffo Gutiérrez
Tesorero

Eligio Valdés Cruz
Contador

Detalles de los gastos de Coronación en el

"TEATRO CUBA"   Anexo I

Cheque No.

Eftvo. Alquiler Teatro Cuba	300.00
681 Construcción trono (Arquímedes Rodríguez)	350.00
689 Orfeón Cuba (Juan Viccini)	200.00
667 Orquesta Ballet (Enrique Bueno)	110.00
851 Adornos Florales y Bauquet (Antonio Bartolomé)	100.00
678 Personal extra (A. García T.)	19.00
	$ 1,079.00

"Detalle atenciones a Reinas y Corte"

Anexo 2

Cheque No.

AUTOS DE ALQUILER

306682	R. Tapia	21.00
684	R. Tapia(servicio 24, 25 y 26)	184.00
695	M. Conde	2.50
268857	M. A. Pereira	3.00
866	Pedro Díaz	10.50
867	Ramón Cruz	22.50
868	Marcelino Paredes (convertible)	20.00
873	Roque Tapia	42.50
874	Ramón López	6.00
875	Roberto Naranjo	12.50
		$ 324.50

VARIOS

688	Un par de zapatos para Dama (La Principal)	10.00
690	Paseo Marítimo (Dr. M. A. Ibarra)	40.00
700	Confección trajes (Iris Paris)	123.25
858	Obsequio a Encarnación Martínez	200.00
869	Cuatro días adorno floral convertible (A. Bartolomé)	160.00
890	Gastos Hotel Casa Granda (Encarnación Martínez)	232.78
		$ 766.03
	Total	$ 1,090.53

Detalles de Gastos Festejos

Anexo 3

Cheque No.

DONATIVOS

306670	Casino Cubano	50.00
59	Rufino Pila (La Kimona)	60.00
70	Aldo Bonachea (Los Sultanes de Crombet)	100.00
		$ 210.00

CABALGATA

693	J. A. Ferrer (fuegos artificiales y luces de bengala)	600.00
853	Delfín Casals (15 docenas bengalas)	100.00
854	Delfín Casals (serpentinas)	41.00
856	J. F. Somodevilla (auto para volador)	14.00
861	Juan Viñas (Mitad costo organización)	635.00
		$ 1,390.50

BAILES POPULARES

694	F. Rodríguez (Amplificadores)	50.00
697	Orquesta Chepín Choven	150.00
98	Orquesta Muchachos Pimienta	150.00
52	Esteban Martínez (servicio de transporte de tarimas y otros)	30.00
60	P. Martínez (alquiler material eléctrico)	50.00
65	Pedro Preval (electricista)	30.00
		$ 460.00

PREMIOS

699	A. Hechavarría (Premio Bacardí)	500.00

MISCELANEA

855	E. Rodríguez (limpieza de calles)	300.00
62	José Barrueco (camión carroza Julio 23 al 1 agosto)	100.00
63	M. A. Vera (cuido carroza)	5.00
71	Oscar Ortíz (cuido carroza)	30.00
76	J. Rodríguez (" ")	5.00
		$ 450.00

	TOTAL	$ 3,010.50

GRAN SEMANA SANTIAGUERA

Detalle "Premios del Reinado"

Anexo 4

Cheque No.

306663	Un auto Oldsmovile para La reina (Angel Lorié)	$ 2,100.00
64	Canto a la Reina 1er. Premio (Lino Horruitinier)	100.00
75	Canto a la Reina 2do. Premio (Fernando Cuesta Mora)	50.00
96	Un reloj pulsera tercera Dama (Cándido Piñeiro)	150.00
	Un reloj pulsera Cuarta Dama (Cándido Piñeiro)	95.00
		$ 2,495.00

GRAN SEMANA SANTIAGUERA

"Propaganda Periodística y Radio"

Anexo 5

Cheque No.

306654	Diario de Cuba	159.38
55	Diario Oriente	16.25
60	Diario Libertad	48.00
61	La Hora	7.00
65	Ernesto Ocaña	65.20
68	Cadena Oriental de Radio	10.00
69	Diario de Cuba (Hasta julio 18)	150.00
71	Diario Libertad	42.50
73	Semanario Káskara	20.00
79	C. M. K. W.	10.00
		$ 528.83

83	Periódico La Hora	32.00
85	Tropical Advertining	15.00
86	Periódico La Hora	10.00
91	Periódico Renovación	10.00
92	Periódico La Lucha	10.00
268664	J. Silva (Libertad)	30.00
77	Periódico La Hora	50.00
78	Diario Oriente	30.35
79	E. Ocaña (fotos y clisés)	125.50
80	Zenín Carnet (Obsequio)	50.00
81	Emilio Soto (Obsequio)	50.00
82	A. Pérez Infante (Obsequio)	50.00
83	E. Hernández Soler (obsequio)	40.00
84	Pablo Milá (Obsequio)	20.00
85	Carlos Nicot (Obsequio)	20.00
86	Diario de Cuba	650.00
		$ 1,193.05
	Total	$ 1,721.88

De esto ha correspondido:

Gratificaciones: Diario de Cuba.- E. Ocaña.- Libertad

$959.88 $190.70 $140.50

La Hora.- Oriente.- Otros

$79.00 $46.88 $75.00

$ 1, 721.88

GRAN SEMANA SANTIAGUERA

"Detalle de los gastos de personal"   Anexo 6

Cheque No.

306651	A. García Torres(para nómina del 15 al 31 de Mayo, a saber):	
	Antonio López (Jefe de oficina)	25.00
	Abelardo Bermúdez (Mecanógrafo)	20.00
	Bebita Sánchez (contadora de votos)	20.00
	Olimpia López (" ")	15.00
	Irma Domínguez (" ")	15.00
	Bebita Sánchez (" ")	15.00
	Carmen López (" ")	15.00
	Raúl Alvarez (contador de votos y limpieza)	20.00
	José Muñoz (mensajero)	5.00
		$150.00
651	Nómina del 1 al 15 de junio	150.00
656	Nómina del 16 al 30 de junio	150.00
667	Nómina del 1 al16 de julio	150.00
668	Nómina del Extras	150.00
		$750.00

Gratificaciones personal:

676	A. García Torres	$180.00	
889	José Barrera	10.00	
		$190.00	$940.00

GRAN SEMANA SANTIAGUERA

"Detalle de Impresos, Efectos de Oficina y Diversos"

Anexo 7

Cheque No.

IMPRESOS

306658	San Román	$ 221.93
659	D. Sánchez	34.50
666	F. San Román	30.50 $ 286.93

GASTOS DIVERSOS

652	A. García Torres	(15 al 31 de Mayo)	$ 23.76
53	" " "	(1 al 15 de junio)	6.40
57	" " "	(16 al 30 de Junio)	34.50
67	" " "	(1 al 16 de julio)	71.09
87	F. de León		10.00
88	A. García Torres		2.61
			$ 148.36
			$ 435.29

GRAN SEMANA SANTIAGUERA

Balance final adicional

Anexo 8

Cheque No.

	Saldo al 5 de Agosto según balance	....	$ 715.78
891	Almuerzo Rancho Club	$120.00	
897	A. García Torres (Viaje Habana)	166.60	
898	Diplo colonia Europea	15.00	
899	Gratificación por confección trabajos de tesorería (Natalia Martínez)	14.18	$ 315.78

DONATIVOS

892	Escuela de Verano	200.00	
893	Casa de Beneficiencia	50.00	
894	Siervas de María	50.00	
895	Asilo San José	50.00	
896	Cruz Roja Nacional	50.00	$ 400.00
			$ 715.78

APÉNDICE IV

ACTA DE CONSTITUCIÓN DEL COMITÉ DE FESTEJOS DE LOS CARNAVALES

En la Oficina del Departamento Militar de Oriente, Cuartel "Moncada", Santiago de Cuba, Provincia de Oriente, siendo las OCHO de la Noche del día veintiuno de Julio del año mil novecientos cincuenta y dos, se reúnen el Comité de los Festejos del Carnaval el cual está integrado en la forma siguiente: como Presidente el Sr. FELIPE FERNANDEZ CASTILLO, Alcalde Municipal; como Secretario el Coronel ALBERTO R. DEL RIO CHAVIANO, M.M., Jefe del Departamento Militar de Oriente; como Tesorero el Sr. AURELIO RAFFO GUTIERREZ; como Director de Festejos el Sr. ALBERTO GARCÍA TORRES, Periodista, todos los cuales y previa deliberación toman los acuerdos siguientes:

PRIMERO: Recibir de manos del Tesorero la cantidad de <u>DIEZ Y SIETE MIL NOVECIENTOS CINCUENTA PESOS CON CUARENTA CENTAVOS</u> cantidad que le fue entregada en varios cheques del Ministerio de Educación a virtud de Resolución del Honorable Señor Presidente de la República, para atender los gastos que originen dicha festividad y cuya cantidad quedará en poder del expresado señor Raffo, como Tesorero de dicho Comité.

SEGUNDO: Que los pagos sean efectuados por el Tesorero mediante la aprobación del Presidente y Secretario por medio de libramientos al efecto.---

TERCERO: Se procede a la confección de un presupuesto general de gastos que previa discusión por los integrantes, queda aprobado, según modelo que se adjunta a la presente acta, el cual ha sido firmado por los mismos.---

CUARTO: Que este Comité quede en sesión permanente hasta la terminación de los festejos y liquidación del crédito concedido.--

QUINTA: Y no habiendo nada más que hacer constar, se da por terminada la presente acta, firmando todos los que en la misma la integran, como Miembros del expresado Comité para constancia.---

FELIPE FERNANDEZ CASTILLO
Alcalde Municipal. Presidente

ALBERTO R. DEL RIO M.M.
Jefe del Dpto. Mtar Oriente. Secretario

AURELIO RAFFO GUTIERREZ
Tesorero

ALBERTO GARCÍA TORRES
Director

RELACION DE LOS GASTOS A PAGAR CON EL CREDITO DE $ 17,950.00, CONCEDIDOS POR EL HONORABLE SEÑOR PRESIDENTE DE LA REPUBLICA, PARA LA CELEBRACION DE LOS CARNAVALES DE ESTA CIUDAD DE SANTIAGO DE CUBA._____

Efectivo entregado a comparsas $ 5,500.00

  "   "   a Banda <u>Militar</u>   <u>100.00</u> $ 5,600.00

PREMIOS COMPARSAS

Primer Premio...	500.00	
Segundo Premio..	300.00	
Tercer Premio..	200.00	
Cuarto Premio...	150.00	
Quinto Premio..	100.00	
Sexto Premio...	75.00	
Séptimo Premio..	<u>50.00</u>	$ 1,375.00

PREMIOS PASEOS

Primer Premio...	500.00	
Segundo Premio..	300.00	
Tercer Premio..	200.00	
Cuarto Premio...	100.00	
Quinto Premio..	75.00	
Sexto Premio...	75.00	
Séptimo Premio..	50.00	
Octavo Premio...	<u>50.00</u>	$ 1,350.00
Máscaras a pié...	200.00	
Disfraces de niños......................................	200.00	
Kioscos...	200.00	
Canciones Típicas.......................................	200.00	
Bicicletas Adornadas...................................	100.00	
Máquinas Adornadas....................................	100.00	
Carrozas no comerciales..............................	200.00	
Calles adornadas..	500.00	
Cabalgata..	1, 500.00	

Amplificación..	300.00	
Películas (700 piés)..	1, 000.00	
Desfile, gradas gratis al público el 27...................	500.00	
Almuerzo Reinado..	300.00	
Viaje Habana Aurelio Raffo................................	300.00	
Gratificación 4 policías carroza...........................	60.00	
Alcaldía (gastos)..	500.00	
Alcaldía (otros gastos)..	400.00	
Gastos varios..	500.00	
Gastos, racionamiento y alojamiento Bandas de Música, etc	2,000.00	$ 8,460.00

GASTOS   IMPREVISTOS: $ 1,165.00   1,165.00

$ 17,950.00

Santiago de Cuba, Julio 21 de 1952.

"COMITE DE LOS FESTEJOS DEL CARNAVAL"

<u>PAGOS EFECTUADOS</u>

Subvención comparsas y paseos...	$ 5,500.00
Subvención Banda Militar..	100.00
Premios Comparsas...	1,725.00
Premios Paseos..	1,800.00
Premios Máscaras a pie y disfraces de niños.........................	255.00
Premios Kioscos...	200.00
Premios Canciones Típicas..	100.00
Premios Bicicletas adornadas...	20.00
Premios Máquinas adornadas...	50.00
Premios Carrozas no comerciales...	200.00
Premios Calles Adornadas..	500.00
Subvención cabalgata..	1,000.00
Amplificación en las Gradas...	300.00
Película..	1,000.00
Subvención Comparsas y Paseos desfile ante grada 27 corriente	585.00
Almuerzo homenaje en Ciudamar..	300.00
Viaje Habana, estancia y otros gastos A. Raffo........................	300.00
Gratificación 4 policías carrozas...	60.00
Alcaldía gastos..	500.00
Alcaldía otros gastos..	400.00

Gastos varios:

Colocación scrines..............................	$ 60.00	
Sillas para gradas día 27.....................	60.00	
Carro anunciador................................	50.00	
Información Prensa Universal..............	75.00	
Telefonemas García Torres.................	25.00	
Intereses préstamo al Banco...............	56.00	326.00
Bandas de Música, etc		2,000.00
		$ 17.221.00

RESUMEN:

Crédito concedido...	$ 17,950.49
Gastado hasta la fecha...	17,221.00
SOBRANTE..	$ 729.49

Santiago de Cuba, 5 de Agosto de 1952

DETALLES:

Gastado en subvenciones comparsas y paseos..................	$ 7,185.00
Premios otorgados..	4,850.00
	$ 12,035.00
Otras atenciones..	5,186.00
	$ 17,221.00

DISTRIBUCIONES DEL SOBRANTE CITADO MAS ARRIBA:

Atenciones periodísticas......................	250.00
Alberto García Torres.- Por servicios...	300.00
Tte. Teodoro Rico.-Varios gastos.........	79.49
Francisco Cano.- Material fotográfico..	88.40
José Barrada.- Mensajero....................	11.60
$ 729.49	

PREMIOS OTORGADOS:

Comparsas:

Un premio de			$ 500.00
"	"	"	500.00
"	"	"	300.00
"	"	"	200.00
"	"	"	100.00
"	"	"	75.00
"	"	"	50.00
			$ 1,725.00

PASEOS:

Primer Premio	$ 500.00
Segundo Premio	300.00
Segundo Premio	300.00
Tercer Premio	200.00
Tercer Premio	200.00
Cuarto Premio	100.00
Quinto Premio	75.00

Sexto Premio	75.00
Séptimo Premio	50.00
	$ 1,800.00

CALLES ADORNADAS:

Primer Premio	100.00
Segundo "	75.00
Tercer "	50.00
Cuarto "	50.00
Quinto "	45,.00
Sexto "	45.00
Séptimo "	45.00
Octavo "	45.00
Noveno "	45.00
	$ 500.00

KIOSCOS:
4 premios de $50.00.- Total $ 200.00

Esta lista de DETALLES fue tomada de los reversos de las páginas anteriores.

APÉNDICE V

BASES DEL CERTAMEN PARA ELEGIR LA REINA Y CINCO DAMAS PARA EL CARNAVAL SANTIAGUERO TITULADO "BUSCANDO LA REINA ORIENTAL DEL CARNAVAL SANTIAGUERO

BASES.

PRIMERO: Este Certamen está bajo la dirección, administración y fiscalización de RADIO ORIENTE S.A., y se efectuará por la emisora matriz C.M.K.C. en Santiago de Cuba por votación libre según las bases aprobadas.-

SEGUNDO: Este Certamen es regido por un Comité autónomo e independiente, siendo absolutamente social, sin matiz político de ninguna clase, sino con el fin de dar mayor esplendor a las típicas fiestas de CARNAVALES que se celebran en honor de "Santiago Apóstol", en nuestra ciudad en el mes de Julio, en un deseo de cooperar a nuestros tradicionales CARNAVALES.-

TERCERO: Este Certamen será de carácter provincial y mediante el mismo será electa la reina y sus Cinco Damas, las que participarán de las tradicionales fiestas de CARNAVALES.-

CUARTO: La elección de la Reina y sus Damas, será por medio de certificados votos, cupones, etiquetas, envolturas, tapas, etc., que recogerán las candidatas o miembros de su comité.-

QUINTO: Para formar parte de dicho Certamen se requiere que las señoritas aspirantes, sean de conducta y moralidad intachable. Es requisito indispensable que las aspirantes tengan no menos de 15 años.-

SEXTO: La Comisión de Admisión, será integrada por el Sr. Armando Ramírez Nilsen, periodista y la Srta. Hilda Franco Montoya, quienes tendrán a su cargo solicitar les sea presentado por las aspirantes a dicho Certamen, las certificaciones que la acrediten a participar en el mismo.-

SÉPTIMO: Es requisito indispensable que la candidata previamente aceptada, una vez llenados todos los requisitos exigidos por la "Comisión de Admisión", tenga desde el primer escrutinio que se efectuará en el mes de Marzo (día 7) de1954, un número de votos no inferior a 35,000 votos (certificados plata).-

OCTAVO: Este Certamen comenzará con fecha 15 de Febrero de 1954 y finalizará con la Coronación el 23 de Julio del mismo año. Los escrutinios se efectuarán en las siguientes fechas:1ro., el 7 de marzo.- 2do., el 14 de marzo.- 3ro., el 21 de marzo.- 4to., el 14 de abril.- 5to., el 18 de abril.-6to., el 2 de mayo.- 7mo., el 16 de mayo.-8vo., el 30 de mayo.- 9no., el 13 de junio.- 10mo., el 27 de junio.-11no., el 6 de julio.- 12vo., este último escrutinio se dividirá en dos fechas distintas: 1ro., el día 11 de 9 a.m. a 9 p.m. para la recepción de etiquetas y chapitas.- 2do., el día13 de julio para la recepción de certificados plata, en la forma siguiente: hasta las 4:00 p.m. con un premio de 100,000 votos para las tres candidatas que mayor recaudación aporten en este escrutinio y 50,000 votos de premio a las dos restantes que le sigan en aportación de certificados plata.- Cerrado el escrutinio a las 4:00 p.m. se procederá a una segunda vuelta de este escrutinio que comenzará a las 9:00 p.m. hasta su terminación a las 11:00 p.m.-

NOVENO: Cada escrutinio el conteo será como sigue: por la mañana, entrega de etiquetas, chapitas, envolturas, etc., que tengan validez.- por la tarde: entrega de Certificados plata.- El Comité de este Certamen avisará con anterioridad, por los medios a su alcance, antes de cada escrutinio, las horas de apertura y cierre de los mismos.- Las candidatas deben traer o enviar sus etiquetas o envolturas en paquetes de cien y las chapitas en paquetes de UNA LIBRA para facilitar el conteo.-

DECIMA: Cada candidata tiene la obligación de presentar votación en todos los escrutinios, de etiquetas, chapitas, envolturas y aportación de certificados plata en la forma siguiente:

ESCRUTINIO	FECHA	VOTOS	CERTIFICADOS-PLATA
1ro	7/3/54	35,000	5.00
2do.	14/3/54	70,000	10.00
3ro.	21/3/54	105,000	15.00
4to.	4/4/54	140,000	20.00
5to.	18/4/54	175,000	25.00
6to.	2/5/54	210,000	30.00
7mo.	16/5/54	245,000	35.00
8vo.	30/5/54	280,000	40.00
9n0.	13/6/54	315,000	45.00
10mo.	27/6/54	350,000	50.00
11no.	6/7/54	700,000	100.00 a)
12vo.	13/7/54	1'000,000	200.00

(a) Nota: Esta última aportación se considerará hasta las 4:00 p.m., después podrá hacerse otra en el escrutinio de las 9:00 p.m.-

--------------Por lo tanto, queda bien determinado que las candidatas están en la obligación de hacer aportaciones en todos los escrutinios en la forma señalada como mínimo anteriormente.-

Ejemplo: en el primer escrutinio, además de las etiquetas, cupones, envolturas, etc. cada candidata aportará el equivalente, en certificados plata, de 35,000 votos como mínimo.- En el segundo escrutinio, además de la votación de etiquetas, cupones, etc., aportará la cantidad de 70,000 votos o su equivalente en efectivo como mínimo.- La votación del primer escrutinio se sumará a la del segundo y así sucesivamente.- La candidata que no haga aportaciones en la forma indicada perderá todos sus derechos.-

DECIMO-PRIMERO: En caso de que una candidata infringiere cualesquiera de las Bases por las que se rige este Certamen, el Comité podrá excluirla sin que contra su resolución pueda establecerse recurso alguno.-

DECIMO-SEGUNDO: Los escrutinios se celebrarán en los salones de Radio Oriente, C.M.K.C., Aguilera 511, altos, los días antes señalados y a la hora que se dará previo aviso correspondiente.-

DECIMO-TERCERO: Los certificados de votos serán depositados en una urna para ser escrutados los días señalados, estando dicha urna situada en las oficinas de Radio Oriente CMKC.-

DECIMO-CUARTO: La candidata que haya obtenido mayor votación al finalizar el Certamen será proclamada Reina y las otras cinco candidatas que le sigan en orden de votación Damas de Honor.-

DECIMO-QUINTO: La Reina recibirá entre otros regalos: un automóvil Pontiac 1954.- 1ra Dama: un televisor de 21 pulgadas, Admiral.- 2da.Dama: un refrigerador de 7 ½ pies, Admiral.- La 3ra. Dama una cocina de Gas Admiral (o eléctrica).- 4ta. Dama: un juego de sala.- 5ta. Dama: una máquina de coser Prima Donna.-

DECIMO-SEXTO: La Coronación se efectuará en un grandioso acto público con la asistencia de las autoridades, lo que dará comienzo a distintos homenajes que se le tributarán a La Reina y sus cinco Damas de Honor a partir del primer desfile el día 24 donde recorrerán las calles de la ciudad en una lujosa carroza previamente construida al efecto por Radio Oriente, CMKC.-

DECIMO-SÉPTIMO: Las candidatas que en dos escrutinios consecutivos no depositaren certificados-votos, en proporción equitativa a la estipulada, tácitamente quedará eliminada del Certamen.-

DECIMO-OCTAVO: Si la que resultara Reina o cualesquiera de sus Damas, dejaren de concurrir a los actos señalados por el Comité, se entenderá que ha hecho renuncia tácita a todos sus derechos como tal.-

DECIMO-NOVENO: Estas Bases podrán ser ampliadas, o suprimidas o modificadas en cualesquiera de sus partes por acuerdo del Comité.-

VIGÉSIMO: Los votos y certificados que no hayan sido previamente autorizados, carecerán de valor, los que serán anulados por la Comisión Escrutadora o sus Delegados, en el momento del conteo.-

VIGÉSIMO-PRIMERO: El Comité Organizador del Certamen: Buscando la Reina Oriental del Carnaval Santiaguero" está integrado de la siguiente forma: Presidente: Raúl Soulary Echeverría, en su carácter de Presidente de Radio Oriente S.A. Director: Dr. José M Berenguer M. en su carácter de

Director General de Radio Oriente S.A., Administrador: Humberto Barceló Bover, en su carácter de Admor-General de Radio Oriente S.A., Secretario: Dr. Ulises Baquero Vernier, en su carácter de Radio Oriente S.A.- Vocales: Armando Ramírez Nilsen, periodista, Srta. Hilda Franco Montoya, todos del staff de Radio Oriente S.A.- Comité Adjunto: Sr. Manuel Halley Lieder, Sr. Carlos Halley Miralles. Sr. Claudio Alvarez Soriano, Sr. Claudio Fuentes Alvarez, Sr. Alfredo Puig Schuman y Sr. Federico Puig Schuman.- Este comité adjunto podrá ser ampliado o disminuido de acuerdo con las exigencias de este Certamen y tendrá como atribución fundamental la de asesorar en sus labores al Comité Organizador.-

VIGÉSIMO-SEGUNDO: Las recaudaciones de este concurso y los donativos que obtenga el mismo, serán dedicados a las siguientes atenciones:

1ro.-Premio a las triunfadoras, por el Comité y Patrocinadores.

2do.-Festejos y atenciones a la Reina y sus Damas.

3ro.-Organización y festejos durante el transcurso del Certamen.-

4to.- Gastos Generales.-

5to.- Gastos de Propaganda.-

VIGÉSIMO-TERCERO: Toda la correspondencia debe dirigirse a Radio Oriente C.M.K.C. por las candidatas o personas que simpaticen con ellas y el envío debe tratarse sea por giro postal y carta certificada en la forma siguiente:

Radio Oriente C.M.K.C., Apartado 232, Santiago de Cuba.- El comité del Certamen no se hace responsable de cualquier pérdida que ocurra, si no se ajusta a esos requisitos exigidos.-

VIGÉSIMO-CUARTO: Cuando una candidata no pueda concurrir a un escrutinio está en la obligación de enviar sus etiquetas, chapitas, envolturas o certificados -plata con alguna persona que la represente.-

VIGÉSIMO-QUINTO: En el transcurso del Certamen, una candidata RENUNCIA, sus votos no podrán ser transferidos a otra.-

VALOR DE LOS PRODUCTOS DE LA CERVECERIA TROPICAL

Las etiquetas de la Cerveza CRISTAL y MALTA CRISTAL que estén contramarcadas tienen valor de diez votos (10).

VALOR DELOS PRODUCTOS ALVAREZ CAMP.

Las etiquetas del RON PATICRUZADO, Los Marinos, tienen un valor de veinticinco votos (25).-

Las etiquetas de la carta RON CERO MOSTO tienen un valor de cincuenta votos (50)

Las etiquetas de RON MATUSALEN, tienen un valor de cincuenta votos (50).-

VALOR DE LOS PRODUCTOS DE LA EMBOTELLADORA QUINABEER

Las tapitas de los refrescos Limón, Naranja y Piña, tienen un valor de dos votos (2).

Las tapitas de Agua Mineral, Ginger Ale San Rafael y Quino, tienen un valor de dos votos (2).-

CERTIFICADOS VOTOS DEL COMITÉ

El Comité emitirá cupones por valor de setenta votos (70), siendo su costo el de un centavo ($0.01)

A medida que hayan otros patrocinadores, se les avisará a las candidatas por medio de Radio, Prensa y Circulares, el valor de dichos productos.-

----

APÉNDICE VI

BASES PARA EL CERTAMEN DEL COMITÉ DE LA GRAN SEMANA SANTIAGUERA ELECCIÓN DE LA REINA DE LAS MASCARAS DE 1956 Y SU CORTE DE HONOR.

PRIMERO:- Se realiza este Certamen por iniciativa del "Comité de la Gran Semana Santiaguera", integrado por las industrias, comercios, instituciones cívicas, sociales y prensa, debidamente inscripto en el Gobierno de la Provincia, como Asociación y autorizado por resolución del Ministerio de Gobernación.---

SEGUNDO:- Este Comité es de carácter apolítico, estrictamente social, tiene absoluta autonomía e independencia de organización y su finalidad es la de proporcionarle el mayor auge y esplendor a las típicas "Fiestas de Máscaras", que tradicionalmente se celebran en honor del Patrón de la Ciudad, "Santiago Apóstol", cooperando así de una manera efectiva con el Municipio, en su deseo de fomentar el turismo local y exaltar nuestras tradiciones.---

TERCERO:.-El Certamen será de carácter estrictamente local y mediante el mismo será electa la REINA Y CUATRO DAMAS DE HONOR, que presidirán los festejos de la "Gran Semana Santiaguera".---

CUARTO:.-La elección de la Reina y sus Damas de Honor, será por medio de la obtención de etiquetas, cupones, envolturas, tapas, etc., que obtendrán las interesadas o las entregarán los comerciantes, así como los donados por los comercios e industrias a sus clientes.---

QUINTO:- Para figurar como candidata en el presente Certamen se requiere que las señoritas concursantes sean de porte airoso, de conducta y moralidad intachable, no tener menos de 14 años ni más de 25 años de edad y ser presentadas por los barrios, calles o calle, por conducto de un Comité que le presentará en el Certamen, el que a su vez designará un Delegado ante el Comité, para todo lo relacionado con el canje remunerado de las etiquetas de la Compañía Bacardí y Cervecería Hatuey, así como también en el canje de todos los símbolos industriales y comerciales, por certificados-votos. --

La Comisión de Admisión será integrada por los señores Aurelio Raffo Gutiérrez, Dr. Pablo Fajardo Jané, Dr. Francisco Pérez Acosta, y el Director de Festejos y Propaganda del Comité, Sr. Alberto García Torres miembros todos ellos del "Comité de la Gran Semana Santiaguera", quienes solicitarán de los Comités de Barrios o Calles, los antecedentes acreditativos de la presentación de sus candidatas y éstos a su vez expedirán el correspondiente certificado al Delegado designado por el Barrio o Calle, para todo lo relacionado con el Certamen. ---

SEXTO;- Es requisito indispensable que la candidata previamente aceptada en representación de un Barrio o Calle, una vez cumplimentados todos los requisitos exigidos por la Comisión de Admisión del Comité, tenga desde el primer escrutinio que se celebrará en el mes de Marzo del corriente año de 1956, un número de votos no inferior a CINCO MIL(5,000). ---

SÉPTIMO:- El Delegado designado por el Barrio o Calle, recibirá al momento del canje de las etiquetas de los productos "Bacardí" "Hatuey" un certificado equivalente a la cantidad en efectivo estipulada en estas bases y además otro certificado por los votos del valor que tengan dichas etiquetas y de los demás símbolos de las industrias que patrocinan el Certamen. ---

El canje de los símbolos industriales que patrocinan el certamen, etiquetas, tapitas, estuches, etc., será igual que en años anteriores, los que recibirán el certificado-voto correspondiente al producto cuyo símbolo canjeen, con excepción de las etiquetas Bacardí-Hatuey, que serán canjeadas exclusivamente por el Representante del Barrio o Calle.---

OCTAVO:- El Comité tendrá facultad durante todo el período del Certamen, para eliminar Delegados de Barrio o Calle o a candidatas que infringieran cualesquiera de las condiciones estipuladas en estas BASES para la elección de la Reina y su Corte de Honor, sin que la resolución que a ese efecto se adopte pueda ser recurrida en forma alguna.----------------------------

NOVENO:-El Certamen comenzará el día primero de Marzo de 1956 y terminará el sábado día 14 de Julio de 1956, a las nueve de la noche (9:00 p.m.), hora en que se celebrará el último escrutinio.---

DECIMO:- Los escrutinios se celebrarán en los salones del Círculo Provincial de Periodistas de Oriente, situados en la Calle de Aguilera No. 301 en esta ciudad, los miércoles de cada semana, comenzando a las ocho y media de la noche (8:30 p.m.).--

DECIMO PRIMERO:-Las etiquetas, cupones, envolturas, tapitas, etc., serán cajeadas en las oficinas del Comité (CIRCULO PROVINCIAL DE PERIODISTAS DE ORIENTE) por certificados acreditativos de los votos recibidos, que serán depositados en una urna para ser escrutados los días ya señalados y la que estará situada en la oficina del Comité.--------------------

DECIMO SEGUNDO:- La candidata que haya obtenido mayor votación será proclamada REINA y las otras cuatro candidatas que le sigan en orden de votación DAMAS DE HONOR.--

DECIMO TERCERO:- La Reina recibirá entre otros regalos, un Automóvil de la marca BUICK, Modelo 1956 y las Damas de Honor, valiosos regalos donados por el Comité, las industrias y el comercio tales como: Televisores, Refrigeradores, Radio-Tocadiscos, Cocinas, Lavadoras, etc.-

DECIMO CUARTO:- Las candidatas que en dos escrutinios consecutivos no depositaren certificados-votos en proporción equitativa a la que haya presentado, tácitamente quedará eliminada del Certamen. --

DECIMO QUINTO:-En el caso de que la candidata que resultare Reina o cualesquiera de las Damas de Honor electas, dejare de concurrir a los actos señalados por el Comité, se entenderá a juicio del mismo que ha hecho renuncia tácita de su elección y a todos los derechos obtenidos. --

DECIMO SEXTO:- Estas BASES podrán ser ampliadas, suprimidas o modificadas por acuerdo del Comité. ---

DECIMO SÉPTIMO:-Los votos y certificados que no sean legalmente autorizados, carecerán de valor alguno y serán anulados por la Comisión Escrutadora o sus Delegados, en el momento del canje o al verificar escrutinio. --

DECIMO OCTAVO:- La Comisión Escrutadora recibirá los votos hasta las doce del día del viernes día 13 del mes de Julio, para así dar tiempo al conteo de mismos, durante las horas restantes del día y el siguiente sábado 14, pudiendo los Delegados de las candidatas supervisar esta labor. --

DECIMO NOVENO:-La recaudación de este Comité, y los donativos que obtenga el mismo, en general estarán dedicados a cubrir las siguientes atenciones: A) Premios a las triunfadoras, donados por el Comité y sus Patrocinadores.- B) Festejos en honor de la Reina y sus Damas.- C) Organización de Festejos Populares.- D) Gastos de Propaganda.- E) GASTOS GENERALES. ---

VALOR EN EFECTIVO DE LAS ETIQUETAS DE LOS PRODUCTOS BACARDI-HATUEY

Las etiquetas de las Cervezas Hatuey, Morena Clara y Malta Hatuey, que tengan exclusivamente el símbolo: "SEMANA SANTIAGUERA 1956", al ser canjeadas en las oficinas del Comité por el Representante o Delegado del Comité de Barrio o Calles, recibirá un certificado de remuneración en efectivo de acuerdo con la siguiente escala: Por 5 etiquetas un centavo ($0.01) no admitiéndose cantidades inferiores a 500 etiquetas.--

Las etiquetas del Ron Palmas de Bacardí y el Ron "Refino Bacardí", tendrán ambas un valor de cinco etiquetas por un centavo ($0.01) no admitiéndose cantidades inferiores a 100 etiquetas...

Las etiquetas de los Rones Superiores Bacardí, tales como: Añejo, Bacadí1873, Bacardí Carta Blanca, Bacardí Carta Oro, Elixir Bacardí y Anís Bacardí, tendrán un valor de un centavo ($0.01) por etiquetas, o sean cinco (5) etiquetas cinco centavos ($0.05) y su canje será en conjunto, no se admitirán cantidades inferiores a 100 etiquetas.---

Todas las etiquetas de los Rones Bacardí, también tienen que tener para que tengan valor, el símbolo SEMANA SANTIAGUERA 1956.--

VALOR EN VOTOS DE LOS PRODUCTOS BACARDI-HATUEY

Las etiquetas de las cervezas Hatuey, Morena Clara y Malta Hatuey, con el símbolo "SEMANA SANTIAGUERA 1956", tendrán un valor de 10 votos (DIEZ VOTOS) y sólo circularán en esta ciudad y en los Términos de El Cobre y El Caney.-----El Ron Palmas de Bacardí y el Ron "Refino Bacardí", tendrán un valor de VEINTE (20) votos sus etiquetas.----------------------------

Los Rones Superiores, Bacardí, tales como: Añejo, Bacardí 1873, Bacardí Carta Blanca, Bacardí Carta Oro, Elixir Bacardí, y Anís Bacardí tendrán un valor cada una de ellas de SETENTA Y CINCO(75) votos las etiquetas.---

REFRESCOS QUINABEER S.A.

Las tapitas de los refrescos de la Compañia Embotelladora Quinabeer, S.A. tales como Quinabeer, Limón Naranja, Piña, tendrán un valor de CINCO (5) votos.---

Las tapitas del Refresco SUPER-COLA de la Compañía Quinabeer, tendrán un valor sus tapitas de DIEZ (10) votos.-

CAFE TURQUINO

Todos los envases del CAFÉ "EL TURQUINO", propiedad de los señores ANTONIO ALVAREZ Y CIA., tienen el siguiente valor: De 2 libras, 40 votos; de 1 libra, 20 votos; de media libra, quince votos; de 20 cts. 15 votos y de cinco centavos, diez votos (10).--

El café "El Bohío" de la misma firma de Alvarez y Cía. que se expende a 3 cts. Tienen sus envases un valor de CINCO (5) votos.--

NOTA: En todos los escrutinios el CAFÉ TURQUINO obsequiará DIEZ MIL (10,000) votos, a la candidata que mayor votación obtenga en cada uno de ellos, en envases de dicho café.--

PRODUCTOS DEL MONTE

Todas las etiquetas de los Productos DEL MONTE, Frutas, Jugos, Conservas, Purés, etc., tienen un valor las etiquetas grandes de TREINTA (30) votos y las etiquetas de tipo mediano y pequeño, VEINTE (20) votos. También se admitirán los envases de LATA LITOGRAFIADOS.--------------------

PANQUES PALMERA

Todas las envolturas del Panqué "Palmera", tendrán un valor de 10 (DIEZ) votos. --

CUPONES COMERCIALES

Las casas comerciales y las industrias que cooperan con el Comité, obsequiarán a sus clientes con un cupón de diez (10) votos, por cada CINCUENTA CENTAVOS ($0.50) que gasten.--

NOTA: Los símbolos, (ETIQUETAS, TAPITAS, ENVOLTURAS, ESTUCHES, ETC.) de las industrias y comercios que patrocinan este Certamen, que tengan circulación local, provincial y nacional, tienen validez.---------------------

BIZCOCHOS EL REY

Las envolturas y cupones de los BIZCOCHOS EL REY, tienen un valor de DIEZ (10) votos cada una.---

COMITÉ DE LA GRAN SEMANA SANTIAGUERA

APÉNDICE VII

TESTIMONIO GRAFICO

La banda de música del Regimiento "Antonio Maceo" iniciaba el desfile ante el jurado de las carrozas, paseos y comparsas.

Jurado en plena faena evaluativa de las diferentes manifestaciones carnavalescas, detrás público asistente al espectáculo.

Representantes del Comité de la Gran Semana Santiaguera en 1948

Kiosco ubicado en la Trocha, una de las principales arterias carnavalescas

Sacos que contienen chapas de refrescos y cervezas para canjear por votos a favor de una candidata a reina del Comité de la Gran Semana Santiaguera

Conteo manual de etiquetas de la cerveza Hatuey para ser canjeados por votos bajo la supervisión de miembros del Comité de la Gran Semana Santiaguera

Otro aspecto del conteo de votos bajo la supervisión de candidatas al certamen y miembros del Comité.

Representantes del Comité de la Gran Semana Santiaguera recibiendo las llaves del auto que se otorgaba como premio a la reina del Comité de la Gran Semana Santiaguera. En la extrema derecha el Sr. Alberto García Torres

Agasajos a las candidatas en noche de conteo de votos. Nótese la propaganda al fondo.

Agasajos a las candidatas en noche de conteo de votos. Nótese la propaganda al fondo de los diferentes patrocinadores del evento.

Encuentro de representantes del Comité con algunas candidatas electas.

Presentación de las candidatas en una noche de conteo de votos.

Encuentro formal entre candidatas al certamen y representantes del Comité.

Entrega de bonos especiales y regalos a las candidatas que mayor cantidad de votos recolectaron de un producto específico en el conteo parcial.

Reina y sus damas de honor desfilando en su carroza por las calles de la ciudad de Santiago de Cuba en 1948.

Reina, sus damas de honor y sus pajes preparadas para iniciar el desfile en 1950.

Reina del Comité de la Gran semana Santiaguera con sus damas de honor y pajes desfilando ante las gradas y el jurado en 1954.

Reina del Comité de la Gran semana Santiaguera con sus damas de honor y pajes iniciando el desfile por la ciudad desde los predios de la Bacardí en 1956.

Coronación de la reina del Comité de la gran Semana Santiaguera en 1952 en el portal del Ayuntamiento de la ciudad

Coronación de la reina del Comité de la gran Semana Santiaguera en 1953.

Coronación de la reina del Comité de la gran Semana Santiaguera en 1954.

Coronación de la reina del Comité de la gran Semana Santiaguera en 1955.

NOTAS

CAPÍTULO I

1   Sabas Nápoles, descendiente de los hermanos Baracoa, fundadores del Cabildo Carabalí Izuama y combatientes del Ejército Libertador, menciona algunas de las canciones compuestas por su padre donde se expresa esta frustración. Para más detalles consúltese el trabajo de investigación realizado por el equipo de Etnología y Folklore de la Facultad de Humanidades de la Universidad de Oriente sobre el Cabildo Carabalí Izuama. Entrevista realizada a Sabas Nápoles por el Equipo de Etnología y folklore de la facultad de Humanidades, Universidad de Oriente.

2   Manuel Palacios Estrada: Crónicas del Carnaval Santiaguero (mecanuscrito), C. 14 (sin paginación).

3   Alberto García Torres, Director de Festejos del Municipio Santiago de Cuba (1934-1958), en un Memorándum dirigido al periodista Jorge Quintana señala que estos premios ascendían, en los años de que hablamos, a la suma de sólo $25.00 y que además el Municipio carecía de presupuesto para subvencionar a los grupos del carnaval. Colección García Torres: (Comité de la Gran Semana Santiaguera), año 1949, t. 1.

4   Alocución del Dr. Angel Pérez André, Gobernador Provincial, 15 de julio de 1937. Colección García Torres: (Comité de la Gran Semana Santiaguera), año 1937, t. 1.

5   Idem

6   Periódico Oriente, Santiago de Cuba, 23 de julio de 1937 p. 5.

7   Periódico Diario de Cuba. Santiago de Cuba, 4 de julio de 1937, p. 3.

8   Periódico Oriente. Santiago de Cuba, 20 de julio de 1944, p.7

9   M. Palacios: Op. Cit., c. 17 y 19

10 Periódico Libertad. Santiago de cuba, 4 de julio de 1938, p. 4.

11 Periódico Oriente. Santiago de cuba, 21 de julio de 1947, p. 3.

12   Periódico <u>Oriente</u>. Santiago de Cuba, 30 de julio de 1938, p. 3

13   Entrevista a A. García Torres

14   Periódico <u>Libertad.</u> Santiago de Cuba, 19 de julio de 1936, p. 7.

15   Periódico <u>Libertad.</u> Santiago de Cuba, 22 de julio de 1936, p. 2.

16 <u>Idem.</u>

17 Entrevista a A. García Torres.

18 Periódico <u>Diario de Cuba</u>. Santiago de Cuba, 1 de julio de 1937, p. 5.

CAPÍTULO II

1   Colección <u>García Torres</u>: (Comité de la Gran semana Santiaguera), Año 1946, t. 2.

2   Ibid., año 1947, t. 1.

3   <u>Idem.</u>

4   <u>Idem.</u>

5   Entrevista a A. García Torres.

6   Colección <u>García Torres</u>:(Comité de la Gran Semana Santiaguera), año 1948, t. 1. <u>Vid Infra</u>. APÉNDICE I. p.103.

7   <u>Idem.</u>

8   <u>Idem.</u>

9   <u>Idem.</u>

10   <u>Idem.</u>

11   "Reglamento permanente de las tradicionales fiestas de Máscaras o Mamarrachos", en Colección <u>García Torres</u>: (Comité de la Gran Semana Santiaguera), año 1948, t. 1. <u>Vid Infra</u>. APÉNDICE II. p. 111.

12   "Reglamento de la Asociación Comité de la gran Semana Santiaguera", en Colección <u>García Torres</u>: (Comité de la Gran Semana Santiaguera), año 1954, t. 4.

13   <u>Idem.</u>

14   Jorge Quintana: "La Semana Santiaguera. Carnavales de Santiago de cuba", en Bohemia, año 1, No. 31, La Habana, julio 31 de 1949, p. 63

15   Carta al Sr. Aurelio Raffo Gutiérrez, Presidente de la Asociación del Comité de la Gran Semana Santiaguera del Secretario Administrador Provincial, 28 de abril de 1954, en Colección <u>García Torres</u>: (Comité de la Gran Semana Santiaguera), año 1954, t. 3.

16 Carta a Alberto García Torres, Director de Festejos del Comité de la Gran Semana Santiaguera, del jefe del negociado de Orden Público, José B. González Lauzán, 29 de abril de 1950, en Colección García Torres: (Comité de la Gran Semana Santiaguera), t. 2.

17 "Reglamento permanente de las tradicionales fiestas de máscaras o mamarrachos", en Colección García Torres: (Comité de la Gran Semana Santiaguera), año 1948, t. 3.

18 Idem.

19 Memorándum de Alberto García Torres al Alcalde Municipal, 14 de marzo de 1949, en Colección García Torres: (Comité de la Gran Semana Santiaguera), año 1949, t. 2.

20 Colección García Torres: (Comité de la gran Semana Santiaguera), año 1948, t.1.

21 "Resumen de Ingresos y Egresos", en Colección García Torres: (Comité de la Gran Semana Santiaguera), año 1948, t. 9. Vid Infra. APÉNDICE III, p. 117.

22 "Bases para el certamen de elección de la Reina y sus Damas de Honor de las tradicionales fiestas de Máscaras y mamarrachos de 1948", en Colección García Torres: (Comité de la Gran Semana Santiaguera). t. 2.

23 Carta de los Laboratorios Gravi S.A. al Sr. Alberto García Torres, 21 de julio de 1948, en Colección García Torres: (Comité de la gran Semana Santiaguera), t. 6.

24 Carta de Alberto García Torres a Crusellas y Cía., 28 de junio de 1948, en Colección García Torres: (Comité de la Gran Semana Santiaguera), t. 2.

25 Carta de Alberto García Torres al Sr. Enrique Parra, jefe de propaganda de los Laboratorios Gravi S. A., 8 de mayo de 1948, en Colección García Torres: (Comité de la Gran Semana Santiaguera), t.2

26 Carta circular, 26 de junio de 1948, en Colección García Torres: (Comité de la Gran Semana Santiaguera), año 1948, t. 3.

27 Vid Infra. APÉNDICE III. P. 117.

28 Entrevista a A. García Torres.

29 Vid Infra. APÉNDICE III. P. 117.

30 Carta de Alberto García Torres al Sr. Gerardo Abascal Berenguer, Presidente de la Cámara de Comercio de Santiago de Cuba, 7 de julio de 1948, en Colección García Torres: (Comité de la Gran Semana Santiaguera), t. 23

31 Vid Infra. APÉNDICE III. P. 117.

32 Periódico Diario de Cuba, Santiago de Cuba, 23 de julio de 1948, p. 7.

33 Periódico Diario de Cuba, Santiago de Cuba, 24 de julio de 1948, p. 7.

34 "Bases para el certamen de la elección de la Reina de Máscaras de 1949 y su corte de Honor" en Colección García Torres: (Comité de la Gran Semana Santiaguera), t 2.

35 Colección García Torres: (Comité de la Gran Semana Santiaguera), t.4

36 Memorándum de A. García Torres a la Cía. Bacardí, 12 de febrero de1949, en Colección García Torres: (Comité de la Gran Semana santiaguera), t. 3

37 Memorándum de A. García Torres sobre los trabajos organizativos del carnaval. Idem.

38 "Bases para el certamen de la elección de la Reina de las Máscaras de 1950 y su Corte de Honor", en Colección García Torres: (Comité de la Gran Semana Santiaguera), t. 2.

39 Entrevista a A. García Torres.

40 Carta de Eladio Garzón Carrión al Sr. Presidente de la Cámara Municipal y demás concejales, 25 de marzo de 1950, en Colección García Torres: (Comité de la Gran Semana Santiaguera), t. 2.

41 Entrevista a A. García Torres.

42 "Bases" citadas.

43 Carta de los Laboratorios Gravi S.A. a A. García Torres, 8 de mayo de 1950, en Colección García Torres: (Comité de la Gran Semana Santiaguera), t. 8.

44 Carta de Laboratorios Gravi S.A. a A. García Torres, 11 de agosto de 1950. Idem

45 Carta de Embotelladora Quinabeer al Comité de la Gran Semana Santiaguera, 28 de abril de 1950. Idem.

46 Carta de donativos al Comité. Idem.

47 Informe verbal a las candidatas y sus comités respectivos, 9 de junio de1950, en Colección García Torres: (Comité de la Gran Semana Santiaguera), t. 4.

48 Informe de A. García Torres al Sr. José Bosch Lamarque sobre las actividades del Comité, en Colección García Torres: (Comité de la Gran Semana Santiaguera), t. 8.

49 "Bases" citadas.

50 Informe al Sr, José Bosch Lamarque ya citado.

51 Informe verbal a las candidatas de mayo 10 de 1950, en Colección García Torres: (Comité de la Gran Semana Santiaguera), t. 4.

52 Listas de los integrantes del Comité del año 1951, en Colección García Torres: (Comité de la Gran Semana Santiaguera), t. 2.

53 Entrevista a A. García Torres.

54 Mayor de Propaganda, año 1951, Fondo Cía. Bacardí. Archivo Histórico Provincial, Santiago de cuba.

55 Liquidaciones de estas empresas al Comité, en Colección García Torres:(Comité de la Gran Semana Santiaguera), año 1951, t. 2 y 11.

56 Idem.

57 Premios especiales a las candidatas que mayor número de tapitas o etiquetas de estas industrias canjearon por votos, en Colección García Torres: (Comité de la Gran Semana Santiaguera), año 1951, t. 1.

58 Informe verbal a las candidatas y sus simpatizantes, 27 de junio de 1951, en Colección García Torres: (Comité de la Gran Semana Santiaguera), t. 6.

59 Listas de donativos, en Colección García Torres: (Comité de la Gran semana Santiaguera), año 1951, t. 11.

60 "Bases para el certamen de elección de la Reina de las máscaras de 1951 y su corte de Honor", en Colección García Torres: (Comité de la Gran Semana Santiaguera), t. 7.

61 Idem.

62 Idem.

63 Idem.

64 Idem.

65 Carta circular de la Cía. Bacardí a sus agentes de Bacardí-Hatuey, en Colección García Torres: (Comité de la Gran Semana Santiaguera), t. 11.

66 Instrucciones de Alberto García Torres a los agentes de Bacardí-Hatuey, en Colección García Torres: (Comité de la Gran Semana Santiaguera), año 1951, t. 1.

67 Estados de cuentas quincenales del Comité desde el 1ro. de marzo al 15 de julio de 1950, en Colección García Torres: (Comité de la Gran Semana Santiaguera), t. 3.

68 Estados de cuentas quincenales del Comité desde el 1ro. de marzo al15 de julio de 1951, en Colección García Torres: (Comité de la Gran Semana Santiaguera), t. 6.

69 Colección García Torres: (Comité de la Gran Semana Santiaguera), año 1951, t. 9.

70 Carta de A. García Torres, en Colección García Torres: (Comité de la Gran Semana Santiaguera), año 1951, t. 4.

71 Idem.

72 "Bases para el certamen de elección de la Reina de las máscaras de 1952 y su corte de Honor" en Colección García Torres: (Comité de la Gran Semana Santiaguera), t. 1.

73 Mayor de Propaganda, año 1952. Fondo Cía. Bacardí. Archivo Histórico Provincial, Santiago de Cuba.

74 Liquidación de cuentas de estas empresas, en Colección García Torres: (Comité de la Gran Semana santiaguera), año 1952, t. 10

75 Relación de donativos, en Colección García Torres: (Comité de la Gran Semana Santiaguera), año 1952, t. 7.

76 "Bases" citadas.

77 Acta de constitución del Comité de festejos del carnaval en Colección García Torres: (Comité de la Gran Semana Santiaguera), año 1952, t. 1. Vid Infra. APÉNDICE IV. p. 139.

78 Carta de Salas Cañizares al Comité, 15 de junio de 1952 en Colección García Torres: (Comité de la Gran Semana Santiaguera), t. 4.

79 Carta de Francisco Batista y Zaldivar al Comité. Idem.

80 Acta de constitución ya citada.

81 Asunto tratado con los agentes de la Cía. Bacardi por A. García Torres, en Colección García Torres: (Comité de la Gran Semana Santiaguera), año 1953, t. 9.

82 Circular de la Revista Oriental de Cuba, en Colección García Torres: (Comité de la Gran Semana santiaguera), año 1953, t. 4.

83 "Asunto a tratar con los agentes de la Cía. Bacardí", en Colección García Torres:(Comité de la Gran Semana Santiaguera), año 1953, t. 9

84 "Bases para el certamen de elección de la Reina de las máscaras de 1953 y su corte de Honor", en Colección García Torres: (Comité de la Gran Semana santiaguera), t. 4.

85 Mayor de Propaganda, año 1953. Fondo Cía. Bacardí. Archivo Histórico Provincial, Santiago de Cuba.

86 Liquidaciones de estas empresas, en Colección García Torres: (Comité de la Gran Semana Santiaguera), año de 1953, t. 3.

87 Idem.

88 Carta de A. García Torres a Silvia Beltrons, Jefe de Propaganda y Relaciones Públicas de los Productos Royal, 22 de julio de 1953, en Colección García Torres: (Comité de la Gran Semana Santiaguera), t. 9.

89 "Bases" citadas.

90 Lista de premios especiales de las empresas en Colección García Torres: (Comité de la Gran Semana Santiaguera), año 1953, t. 3.

91 Vid Infra. APÉNDICE V. p. 149.

92 Carta de A. García Torres a Crusellas y Cía. 14 de abril de 1954, en Colección García Torres: (Comité de la Gran Semana Santiaguera), t. 3.

93 Resolución de la Alcaldía Municipal de Santiago de Cuba, 6 de julio de 1954, en Colección García Torres: (Comité de la Gran Semana santiaguera), t. 4.

94 Idem.

95 "Bases para el certamen de elección de la Reina de las máscaras de 1954 y su corte de Honor", en Colección García Torres: (Comité de la Gran Semana Santiaguera), t. 2.

96 Carta de los Productos Royal a A. García Torres, 23 de febrero de 1954, Idem.

97 Mayor de Propaganda, año 1954. Fondo Cía. Bacardí. Archivo Histórico Provincial, Santiago de Cuba.

98 Lista de liquidaciones de estas empresas, en Colección García Torres: (Comité de la Gran Semana Santiaguera), año 1954, t. 2.

99 Lista de donativos. Idem.

100 Lista de premios especiales. Idem.

101 Ingresos del Comité. Idem.

102 Memorándum de A. García Torres. Idem.

103 "Santiago de Cuba, una ciudad que evoluciona constantemente hacia el progreso, tiene un Alcalde ejemplar: Maximino Torres Sánchez", en Carnaval 1955. Santiago de Cuba, Boletín Oficial de Publicidad W. A. R, S.A., Oriente, Año 1, junio 1ro. de 1955, p. 18

104 Ibid. P. 11

105 Idem.

106 Ibid. P 25

107 Ibid. P 21 22

108 "Mayor aporte está ofreciendo la Cía. Bacardí a los carnavales este año", en Diario de Cuba, Santiago de Cuba, 16 de julio de 1955, p. 1.

109 Balance de Ingresos y Egresos, en Colección García Torres: (Comité de la Gran Semana Santiaguera), año 1955, t. 8

110 Cartas de A. García Torres a Sabatés S.A., 9 de marzo y 6 de abril de 1955, en Colección García Torres: (Comité de la Gran Semana Santiaguera), t. 1.

111 Memorándum de A. García Torres a José Bosch Lamarque. Idem.

112 Resolución de la Alcaldía Municipal de Santiago de Cuba, 30 de julio de 1955. Idem.

113 "Suspenden ensayos los directores de comparsas y paseos", en Diario de Cuba, Santiago de Cuba, 16 de julio de 1955.

114 Resolución de la Alcaldía citada anteriormente.

115 Instrucciones a las candidatas, 3 de julio de 1956, en Colección García Torres: (Comité de la Gran Semana Santiaguera), t. 3.

116 Liquidaciones de estas empresas, en Colección García Torres: (Comité de la Gran Semana Santiaguera), año 1956, t. 4.

117 Lista de donativos. Idem.

118 "Bases para el certamen de elección de la Reina de las Máscaras de 1956 y su corte de Honor", en Colección García Torres: (Comité de la Gran Semana Santiaguera), año 1956, t. 5.

119 Instrucciones a las candidatas, 24 de marzo de 1956. Idem.

120 Carta de A. García Torres a la Cía. Bacardí, 10 de agosto de 1956, en Colección García Torres: (Comité de la Gran Semana Santiaguera), t. 6.

121 Vid Infra. APÉNDICE VI. p. 157.

122 Carta de A. García Torres citada anteriormente.

123 Carta del "Club Aponte" a A. García Torres, 20 de julio de 1956, en Colección García Torres: (Comité de la Gran Semana Santiaguera), t. 2.

124 Lista de gastos del presupuesto del Municipio de $ 10,000.00 para las Fiestas de Máscaras, en Colección García Torres: (Comité de la Gran Semana Santiaguera), t. 3.

CAPÍTULO III

1 "Estado Final de Ingresos y Egresos", en Colección Salmerón: (Paseo La Placita), año 1956.

2 Mayor de Propaganda, Año 1953. Fondo Cía. Bacardí. Archivo Histórico Provincial, Santiago de Cuba.

3 "Estado Final de Ingresos y Egresos" en Colección Salmerón: (Paseo La Placita) años 1953, 1955, 1956 y 1959.

4 Entrevista realizada Carlos Salmerón ex-director del Paseo La Placita.

5 "Estado Final de Ingresos y Egresos", en Colección Salmerón: (Paseo La Placita), años 1953 y 1956

6 Entrevista a C. Salmerón.

7 Salmerón señala que en estos años La Placita funciona con un número de comparseros que oscila alrededor de los quinientos. Idem.

CARNAVALES DE SANTIAGO DE CUBA (1948-1956)

8   Entrevista realizada por el Equipo de Etnología y Folklore de la Facultad de Humanidades a Gladys Becquer y Caridad Jaca iniciadoras del adorno de calles de San Fermín.

9   Una de estas calles adornadas de este período está descrita en una carta al Alcalde de Santiago de Cuba por un Comité Organizador de festejos del Barrio Moncada como sigue: "(...) cordeles de colores picados de aceras a aceras, un arco triunfal estilo típico de Cujes (sic.) tejidos con los nombres de Cacique (sic.) indio y alumbrado retirado de dicho tramo". Aun estos modestos adornos, dice dicho Comité no tener recursos las familias del Barrio para organizarlo. 1 de julio de 1937. Colección García Torres, t. 1.

10 Entrevista por el equipo de Etnología y Folklore de la Facultad de Humanidades a G. Becquer y C. Jaca.

11 Idem.

12 Relación de calles adornadas que recibieron premios en 1950, en Colección García Torres: (Comité de la Gran Semana Santiaguera), t. 4.

13 Relación de calles premiadas por el Municipio del crédito disponible de $ 1, 500.00, en Colección García Torres: (Comité de la Gran Semana Santiaguera), año 1956, t. 8.

14 Relación de los premios a las mejores calles adornadas con propaganda exclusiva de Bacardí-Hatuey, Idem.

15 Entrevista a A. García Torres.

16 M. Palacios. Op. Cit. C. 20

17 Ibid. C. 21

18 Reglamento para la instalación de kioscos para las Máscaras. Alcaldía Municipal, junio de 1956, en Colección García Torres: (Comité de la Gran Semana Santiaguera), t. 3.

19 Idem.

20 Entrevista a Orlando Silva Fonseca, antiguo dueño de máquinas tocadiscos. De aquí se obtuvieron todos los datos referentes a este aspecto.

BIBLIOGRAFÍA

FUENTES BIBLIOGRÁFICAS

Palacios Estrada, Manuel: Crónicas del Carnaval Santiaguero (Mecanuscrito).

Cisneros Justiz, Ramón: Un esbozo de los carnavales de Santiago de Cuba (Mecanuscrito).

Equipo de Etnología y Folklore de la Facultad de Humanidades, Universidad de Oriente: El Cabildo Carabalí Izuama (Mecanuscrito)

FUENTES DOCUMENTALES

Colección García Torres: (Comité de la Gran Semana Santiaguera). Toda la documentación referente a dicha Asociación que comprende los nueve años de existencia de la misma. Contiene numerosa correspondencia, documentos, copias de documentos oficiales, recortes de prensa, fotos, etc. todos relativos al carnaval de Santiago de Cuba. En el Archivo Privado de Alberto García Torres, Santiago de Cuba.

Colección Salmerón: (Paseo La Placita). Numerosos estados de cuentas, anexos, etc., todos relativos a los ingresos y egresos del Paseo. En el Archivo Privado de Carlos Salmerón, Santiago de Cuba.

Archivo Histórico Provincial: Fondo Cía. Bacardí. Los Mayores de propaganda donde aparecen los gastos de la misma con relación al carnaval santiaguero.

Archivo Equipo de Etnología y Folklore de la Facultad de Humanidades, de la Universidad de Oriente. Numerosas entrevistas y fichas de prensa, relativos al carnaval santiaguero. En Facultad de Humanidades, Universidad de Oriente.

FUENTES PERIÓDICAS

Periódico Oriente, Santiago de Cuba, 23 de julio de 1937, p. 5.

Periódico Diario de Cuba, Santiago de Cuba, 4 de julio de 1937, p. 3.

Periódico Oriente, Santiago de cuba, 20 de julio de 1944, p. 7

Periódico Libertad, Santiago de Cuba, 4 de julio de 1938, p. 4.

Periódico Oriente, Santiago de Cuba, 21 de julio de 1947, p. 3.

Periódico Oriente, Santiago de Cuba, 30 de julio de 1936, p. 3.

Periódico Libertad, Santiago de Cuba, 19 de julio de 1936, p.7.

Periódico Libertad, Santiago de cuba, 22 de julio de 1936, p. 2.

Periódico Diario de Cuba, Santiago de Cuba, 1 de julio de 1937, p. 5.

Periódico Diario de Cuba, Santiago de Cuba, 23 de julio de 1948, p. 7.

Periódico Diario de Cuba, Santiago de Cuba, 16 de julio de 1955, p. 1.

Periódico Diario de Cuba, Santiago de Cuba, 24 de julio de 1948, p. 7.

Periódico Diario de Cuba, Santiago de Cuba, 16 de julio de 1955, p. 3.

Revista Bohemia, Año 41, No. 31. La Habana, julio 31 de 1949. P. 63

Revista Carnaval 1955. Santiago de Cuba, Boletín Oficial de Publicidad W. A. R., s.a., Oriente, Año 1, junio 1 de 1955, p. 11, 18, 21, 22 y 25.

FUENTES ORALES

Entrevista a Sabas Nápoles, descendiente de los hermanos Baracoa fundadores del Cabildo Carabalí Izuama, por el Equipo de Etnología y Folklore de la Facultad de Humanidades. Universidad de Oriente.

Entrevista a Alberto García Torres, Director de Festejos del Municipio de Santiago de Cuba (1934-1958), y Director de Festejos y Propaganda del Comité de la Gran Semana Santiaguera durante los años de existencia del mismo.

Entrevista a Carlos Salmerón, ex director del Paseo La Placita.

Entrevista a Migdonio Cause, ex miembro de la Directiva del Corimbo Club.

Entrevista a Orlando Silva Fonseca, ex dueño de máquinas traganíqueles.

Entrevista a Gladys Becquer y Caridad Jaca por el Equipo de Etnología y Folklore de la Facultad de Humanidades, Universidad de Oriente.

Entrevista a Félix García Torres, ex director del Paseo La Kimona.

Entrevista a Jaime Verdasco, ex propietario de kiosco durante el período carnavalesco.

Printed in the United States
By Bookmasters